KB075798

지은이 탕페이링(唐珮玲)

타이완 차오터우 지방검찰청 소속 보호관찰관.
사회 안전을 지키는 이름 없는 파수꾼이자 길을 잘못 든 이들을
위해 등불을 든 길잡이로서, 14년째 '법적 죄인'들을 맨손으로
상대하고 있다. 보호관찰관은 누군가의 사악과 기만 때로는
후회를 응시하며 악어의 눈물은 철저하게 까발리고 마음 깊은
곳에 숨겨진 영혼의 조각을 발굴해 무너진 삶을 다시 세우려는
이들을 돕는 직업이라고 생각한다. 보호관찰관이 보호하는
대상은 '사회'이지 보호관찰 대상자가 아니며, 대리 외상
증후군에 시달리면서도 대상자의 내밀한 일상을 끝까지 관찰하는
궁극적인 목적은 새로운 피해자가 생기는 상황을 막기 위함임을
책과 강연, 인터뷰를 통해 꾸준히 알리고 있다.
보호관찰관으로서 사회에 기여한 공로를 인정받아 사단법인
타이완폭력방지연맹에서 우수상과 최고인기상을, 타이완
위생복리부에서 보라리본상을 수상했다.

옮긴이 서지우

중국 콘텐츠 전문 기업 (주)더찬란 소속 번역가. 공과대학으로
이름난 대학의 인문학부를 졸업하고 중국의 몇몇 중소기업에서
물류업·무역업·제조업 및 공급사슬 관리 분야의 통·번역 및
경영지원 담당자로 일하고 있다. 그냥 지나치거나 잘못 보기 쉬운
것을 붙잡고 들여다보는 데 관심이 많아 그런 것을 번역 콘텐츠로
살려 내는 방법을 모색하고 있다.

친밀한 감시자

친밀한 감시자

나는 보호관찰관입니다

탕페이링 지음

서지우 옮김

유유

일러두기
지은이 주는 ◎로, 옮긴이 주는 ○로 표시했다.

들어가는 말
: 보이지 않는 저울

실제 사건 그리고 실존 인물. 그 삶들은 저의 시공간과 만나 이리저리 얽히고설켰다 다시 풀려 흩어지며 머릿속 깊이 추억을 남기기도, 가슴속 깊이 흉터를 새기기도 합니다.

　책에 등장하는 보호관찰 대상자 스물한 명이 어디 사는 누구인지 궁금하겠지만, 규정에 따라 밝힐 수 없고 밝히지도 않을 것이며 밝히고 싶지도 않습니다. 저는 대상자를 관리하고 감독할 책임과 함께 그들을 보호할 의무도 짊어지거든요. 딱 하나만 밝히겠습니다. 이 책에 담은 이야기는 대상자 스물한 명이 겪은 일을 재구성한 것으로, 내용은 모두 진실이되 이름은 모두 가명입니다.

　어쩌면 비슷한 이야기를 듣거나 본 적이 있을 수 있고, 주변 친구가 비슷한 일을 겪었을지도 모르지만, 그 사람이

곧 여기 나온 누군가이리라 섣불리 단정 짓지 않았으면 합니다. 지난 십여 년 동안 저와 마주 앉은 보호관찰 대상자가 적어도 천 명은 넘습니다. 삶이 드라마요 드라마가 삶이라지만, 그들의 삶은 늘 드라마보다 기막히지요. 저조차도 직접 만나 듣지 않았더라면 그런 황당무계한 이야기를 꿈에서조차 떠올리지 못했을 겁니다. 정도의 차이는 있어도 대상자들은 모두 그런 일을 겪었습니다. 자신들끼리 나누지 못할 이야기를 제게 털어놓기로 마음먹었을 뿐이고요.

1999년 사회인으로 첫발을 내디딘 이래 언제나 사람과 부대끼는 일을 해 왔습니다. 사회 초년생 시절부터 사람을, 그리고 사람과 사람 사이에 일어나는 일을 짧은 시간 안에 관찰하고 판단하여 처리하는 법을 익혔지요. 때로는 거만한 자기중심주의자를, 때로는 적의로 가득 찬 낯선 사람을, 때로는 좌절감으로 똘똘 뭉친 히키코모리 루저를, 때로는 나르시시즘에 빠진 사이코패스를 상대했습니다. 상대는 저를, 저는 상대를 이용하려 하면서도 겉으로는 파트너 관계를 유지해야 했습니다.

지금의 일을 시작한 뒤 한동안은 새로운 생활에 적응하기가 무척 힘들었습니다. 친구들도 생소한지 자꾸만 묻더군요. 보호관찰관이 뭐 하는 거야? 집안 어른들도 저 모르게 부모님께 이것저것 물었습니다. 그런 거 해서 얼마나 버냐? 그런 봉사 활동이나 해서 먹고살 수는 있냐? 반년쯤 지나자 제가 하는 일이 무엇인지 조금씩 눈에 들어왔습니다. 저는 여전히 사람의 일을 다루고 있었습니다. 다만 상대가 와이셔츠에 타이를 맨 부류에서 사람들이 무서워하는 부류로 바뀌었을 따름이죠. 온몸에 문신을 새기고 입만 열면 욕지거리를 내뱉으며 민소매 속옷만 걸친 채 슬리퍼를 질질 끌고 다니는, 교도소 좀 살아 본 사람들로요.

상대가 양복을 입었든 속옷만 걸쳤든 그 내면 가장 깊은 곳에 있는 저울을 이해하는 것이 보호관찰관 업무의 본질임을 차츰 깨달았습니다. 보호관찰 대상자도 선악을 판단하는 자신만의 저울을 저마다 마음에 품고 있습니다. 사회가 받아들이든 그렇지 않든 대상자에게는 소중한 자신만의 가치 저울이지요. 타이완 검찰청과 법원의 상징이 모두 저울입니다. 모든 사법 시스템은 범죄자의 행위를 저울에 달아 어떤 처분을 내리고 징역 몇 년을 선고할지 판결합니다. 따라서 대상자가 저를 마주할 때 저울은 이미 기울어 있지요. 죄지은, 타락한, 사악한 사람이라고요. 대상자는 그

균형 잃은 저울로 득과 실을 가늠하며 범죄의 길로 다시 돌아갈지 말지를 결정합니다.

괜찮아 보이던 사람이 자신과 가정을 서서히 파멸로 몰아서 끝내 죽음에 이르는 선택을 거듭하는 모습을 자주 봅니다. 이런 사람은 법적인 도움이든 사적인 도움이든 모두 자신을 옥죄는 굴레라 여겨 피하거나 거절합니다. 제가 할 수 있는 일은 그의 교도소 수감 기간을 늘려 파멸을 향한 걸음을 늦추고 미움을 받는 것뿐이지요. 대단히 유쾌하지 않은 일입니다.

어째서인지 모르겠지만, 그래도 가장 절망적인 순간에 저울을 바로잡는 대상자가 꼭 나타나더군요. 그런 대상자가 하는 모든 말과 행동은 사회가 정의하는 '착한 사람'의 언행보다 더 선량하고 순수합니다. 그 따스함에 감동한 저에게 대상자는 뜻밖에도, 제가 보이지 않는 추가 되어서 올바른 쪽으로 올라가 준 덕분이라고 알려 줍니다. 유혹을 마주할 때 제 쪽을 돌아보면 올바른 선택을 하기가 쉬워진다고 하더군요. 이럴 때면 누가 누구를 더 많이 치유하는지 통 모르겠습니다.

보호관찰관이라는 직업은 일반 대중에게는 물론이고

사법 시스템 안에서도 눈에 띄지 않습니다. 검사·판사·서기관○ 등 사법계 주류 직종에서 일하는 사람도 보호관찰관의 진정한 업무가 무엇인지 제대로 모릅니다. 저 스스로는 사법 시스템의 변두리에 서서 사회 시스템의 변두리에 선 사람을 보살피는 일이라고 생각합니다. 그러니 쉽게 눈에 띄지 않는 것도 당연하지요. 그래서 지금 이 책을 보는 당신께 고맙습니다. 제 글을 읽어 주셔서 고맙고, 글에 나오는 사람들을 봐 주셔서 고맙습니다. 당신이 읽어 주고 봐 주시는 것이야말로 희망의 창문이자 어둠의 세계에 비치는 한 줄기 빛입니다.

○　타이완에서 서기관은 '직책'으로 판사나 검사를 보조하는 사람을 일컫는 말이지만, 한국에서 서기관은 '직급'으로 4급 공무원을 널리 이르는 말이다. 타이완 서기관이 하는 일을 한국에서는 대법원의 재판연구관과 지방법원의 재판연구원, 검찰청의 검찰수사관과 마약수사관이 대체로 나누어 맡는다.

이런 직업
들어 보셨나요?

'보호관찰관'이라는 직업을 들어 보셨나요? 아마 못 들어 본 분이 대다수이리라 짐작합니다. 엉뚱한 이름으로 부르거나 전혀 다른 일로 오해하는 분도 계시지요. 이 일을 '보호감찰'이라고 부르는 사람도 많습니다. 하지만 타이완 민법에서 보호감찰은 후견 제도를 일컫습니다.○ 어떤 사람은 보호관찰관을 시청 사회복지과나 동사무소 직원 또는 자원봉사자로 알기도 합니다. 그나마 사실과 가장 비슷한 오해가 '나쁜 아이'를 제게 보내 교화시킨다는 것입니다.

○   타이완에서는 보호관찰을 '관호'(觀護), 후견을 '감호'(監護)라고 하기 때문에 발음이 비슷해 헷갈리는 사람이 많다. 한국은 1980년 '보호감호'라는 제도를 만들었다가 2005년에 폐지했지만, '보호관찰'과 발음이 비슷해 헷갈리는 사람이 많다.

하지만 타이완에서 미성년 보호관찰 대상자는 소년보호관○2이 담당합니다. 그러니 저는 아이를 보호관찰한 적이 없지요.

타이완에서 보호관찰관은 지방검찰청에서 근무하는 사법기관 종사자로, 직급은 검사보다 낮고 하는 일은 서기관과 다릅니다. 보호관찰관이 매일 만나는 사람은 성인 보호관찰 대상자◎입니다. 타이완 보호관찰 현장에서는 이들을 '케이스'라고 부르지요.

보호관찰을 처음 신고하는 대상자 열 명 중에 예닐곱은 보통 민소매 속옷만 걸치고 맨발에 슬리퍼를 신은 채 빈랑○3을 씹으며 나타납니다. 등 전체나 가슴 한쪽·종아리에 용머리·호랑이·귀신·비단잉어·수호신 따위를 새긴 채로요. 아마 옷을 벗으면 열에 아홉은 문신이 보일 겁니다. 문신 모양은 나이와 시대에 따라 변합니다. 도안과 위치를 보면 어느 조직에 얼마나 깊이 연루했는지 알 수 있지요. 저

○2 　타이완에는 '소년보호관'이 따로 있다. 반면 한국의 준법지원센터(옛 보호관찰소)에서는 직책을 따로 두는 대신 대상자의 유형에 따라 성인과, 소년과, 마약과, 전자감독과 같은 식으로 부서를 나누어 대상자를 분담한다.

◎ 　타이완 형법 제92조에 따르면 정황에 따라 보안 처분을 보호관찰로 대체할 수 있다. 타이완 형법 제93조 제1항은 이러하다. "집행유예를 선고받은 자에게는 집행유예 기간에 보호관찰을 부과한다." 같은 조 제2항은 이러하다. "가석방으로 출소한 자에게는 가석방 기간에 보호관찰을 부과한다."

○3 　빈랑나무의 열매로 껌처럼 씹고 뱉는다. 한약재로도 쓰이나 중독성이 있어 지나치게 많이 씹으면 마약과 비슷한 효과를 일으킨다.

18

는 심지어 T링○4까지 알아봅니다.

보호관찰관이 하는 일은 일반적인 법원·검찰청 직원의 일과는 다릅니다. 검찰청이나 대상자의 거주지 혹은 직장에서 대상자를 면담하지요. 온갖 기상천외한 장소에 찾아가 온갖 기상천외한 모습으로 생활하는 대상자를 관찰하기도 합니다. 양식장·오리 축사·돼지우리·논·토마토 농장·대추 비닐하우스·제철소·청과 시장·음식점 같은 곳이 업무 현장이지요. 여기서 음식점이란 '건전한' 일반음식점을 이릅니다. 물론 제가 차마 발을 들이지 못하는 유형의 음식점이나 안마방도 있습니다. 그런 곳이라면 입구에 서서 이야기를 나누는 수밖에요.

대상자가 도시 외곽의 황무지나 내비게이션조차 찾지 못하는 첩첩산중에 사는 경우도 있습니다. 어떤 대상자는 교도소에 너무 오래 있어 주변에 그를 아는 이웃이 없어서 집을 찾으려고 그의 아버지 이름을 댄 적도 있습니다. 대상자의 집 바로 옆이 도박장이거나 집 안에서 괴상한 냄새가 풍기기도 하고요. 때로는 골목에서 험상궂은 사람이 나타나 사나운 말투로 "뭘 얼쩡거려?" 하고 으르기도 합니다. 다리가 후들거려도 침착한 척하며 근엄하게 대꾸해야 하지요. "저는 아무개 씨의 보호관찰관입니다만." 내친김에 당

○4   남성 성기의 표피에 집어넣어 특정한 모양을 내는 물건이다.

당하게 되묻습니다. "아무개 씨와 무슨 관계이시죠?"

　　타이완에서는 보통 대상자가 보호관찰관을 '선생님'이라 부르고, 보호관찰관이 대상자를 '학생'이라 부릅니다. 대상자가 다른 이에게 낙인찍힐 수도 있고, '보호관찰관'이라는 법정 직업명을 아는 사람도 별로 없거니와, 대상자가 그런 어려운 이름을 외우지도 못하거든요. 저는 남부 지방에서 오래 일해서인지 그곳에서 선생님을 부르는 사투리인 '라오쑤'가 표준 중국어인 '라오스'보다 훨씬 익숙합니다. 이렇게 선생님이라 불리면서도 이 일을 하고 나서야 제가 세상과 사회에 관해 모르는 것이 아주 많다는 사실을 깨달았습니다.

　　보통 사람들이 양식장에 관해 아는 것이라고는 지나가다 본 모습뿐이겠지요. 타이완의 양식 어종 가운데 갯농어가 많다는 사실을 안다면 60점 수준입니다. 갯농어를 흰다리새우와 혼합 양식해야 한다는 사실을 저는 대상자에게 배웠습니다. 숭어는 이삼 년을 양식해야 잡을 수 있다는 고급 지식도 배웠지요. 숭어와 갯농어 양식장의 차이는 한눈에 드러나는데, 숭어가 갯농어보다 훨씬 깊은 물에서 서식하기 때문입니다. 최고급 지식은 바로 잉어 뇌로 우럭바리를 성전환하는 방법입니다. 다른 분야 지식으로, 청과 시장에서 배를 보면 대상자에게 배운 접붙이기 기술이 떠오릅니다. 번식 능력을 상실한 배나무를 대목으로 삼아 볕이 잘 드는 곳에서 다른 품종의 배를 접붙입니다. 배가 자아를 인지하지 못해서 다행이지요. 그렇지 않았다면 정체성의 혼란을 겪었을 테니⋯⋯.

진지한 이야기로 돌아오겠습니다. 보호관찰 업무에서 가장 전문적인 지식은 지하 세계에서 쓰이는 온갖 은어와 그 함의 그리고 다양한 범죄 수법입니다. 또 변태를 이해해야 변태를 통제할 수 있지요. 변태가 하는 말에 동의하고 싶지 않더라도 한 마디 한 마디를 착실히 귀담아들어야, 어떻게 변태를 교화할 수 있는지 잘 알아차릴 수 있습니다.

음지의 사회에도 굴러가는 논리가 있습니다. 그 논리가 양지의 사회와는 다르지만 나름대로 잘 작동하지요. 예를 들면 이런 식입니다. 자물쇠 따기 전문 절도범이었던 대상자가 제게 표적을 선택하는 법, 지형을 조사하는 법, 주택에 진입하는 법, 범행을 완수하는 법, 경찰을 따돌리는 법 등을 알려 주었습니다. 그런데 이런 것들은 그다지 중요하지 않고, 도둑이 진정으로 성공하는 비결은 '장물을 파는 법'에 있다고 하더군요.

이제는 손을 씻은 어느 조직 폭력배 두목은 중학교를

중퇴하고 어떻게 도박장 입구의 막내 문지기에서 어둠의 세계를 호령하는 자리까지 올라갔는지 말해 주었습니다. 입구를 지킬 때는 눈치가 빠르고 손발을 재게 놀려야 하며 머리를 잘 굴려야 한다더군요. 지각이나 조퇴는 절대 하면 안 됩니다. 두목이 시키는 일은 알아서 적당히 처리해야 하고요. 이것을 먼저 누구에게 갖다 준 다음에 저것을 누구에게 보내라는 임무를 받았을 때, 물어봐도 되는 것과 안 되는 것이 헷갈린다면 조직 생활을 더 해서는 안 됩니다. 잘한다 싶으면 빈랑 노점을 맡아 경영 능력을 시험받습니다. 그것도 잘하면 '음식점'을 맡게 됩니다. 음지와 양지 사이에서 균형을 잘 잡으면 계급이 천천히 올라갑니다. 필요하면 가차 없이 칼을 휘둘러 상대의 다리를 자르거나 상대를 죽여야 합니다. 그런 괴로움을 견디지 못하거나 파벌 다툼에서 살아남을 자신이 없다면 때려치우는 편이 낫지요! 어디 요즘 젊은이들처럼 고생을 견딜 줄 몰라서야...... 어디서 많이 들어 본 듯한 이런 이야기를 자꾸 듣다 보면, 도박장을 기업으로 바꾸고 두목을 일반 회사의 관리자로 바꾸어도 별 차이가 없다는 생각이 듭니다.

제가 보호관찰한 대상자 가운데 여성은 많지 않지만 '8대 업종'○5만 놓고 보면 여성의 비율이 압도적입니다. 이

○5 타이완에서 불법 유흥이 많이 이루어지는 8가지 특수 업종을 이르는 말이다. 그 업종은 다음과 같다. ① 댄싱홀업(廳業): 댄싱 파트너가 접객하고 주류를 판매하는 클럽형 업종, ② 댄싱클럽업(舞場業): 일반 접객원이 접객하고 주류를 판매하는 클럽형 업종, ③ 유흥

22

여성들이 누워서 편하게 돈을 번다는 오해는 그 직업의 전문성에 대한 심각한 모욕입니다. 8대 업종 여성은 아름답고 생명력 질긴 야생화처럼, 무시무시한 마약의 절벽에 내몰린 채 굳건하게 버티며 서글프게 살아 나가지요.

8대 업종에는 일찍 발을 들여야 합니다. 보통 열 살 남짓이면 업소에서 '아가씨' 일을 시작합니다. 수완이 괜찮으면 그 업소의 '에이스'로 올라가고, 손님 하나 잘 잡으면 봉 잡은 셈입니다. 이렇게 한창일 때 바짝 벌어 화류계에서 '탈출'하지 못하면 하루를 사흘처럼, 일 년을 오 년처럼 보내다 세월의 풍파에 찌들어 평범한 여성보다 일찍 늙고 맙니다. 그러면 타이완 본섬에서 멀리 떨어진 펑후섬·진먼섬·마주섬으로 건너가 살 길을 찾고, 그러다 간이식당을 전전하며 아저씨를 접대하다가 곧 길거리에서 몸을 파는 '노땅 아가씨'가 됩니다.

그들의 사랑은 신기루나 다름없습니다. 아버지를 알 수 없는 아이를 낳아 홀로 키우며 제대로 가르치지도 못합

주점업(酒家業): 접객원이 객실 따위의 영업장에서 접객하고 주류와 음식물을 판매하는 술집형 업종. ④ 단란주점업(酒吧業): 유흥주점보다 영업 시간이 짧고 규모가 작은 펌 또는 바 형태의 술집형 업종, ⑤ 사우나업(三溫暖業): 욕탕과 찜질방에 객실 따위를 갖추고 접객원이 미용, 안마 따위를 제공하는 목욕 시설형 업종, ⑥ 노래방업(視聽歌唱業): 객실을 갖추고 접객원이 접객하는 노래방형 업종, ⑦ 이용업(理容業): 이발 전문가와 함께 접객원이 미용, 안마 따위를 제공하는 이발소형 업종, ⑧ 특수 카페·다방업(特種咖啡茶室業): 손님이 접객원에게 음료를 대접하고 접객원이 곁에 앉아 접객하는 탁·의자식 또는 바닥 좌식 카페·다방형 업종.

니다. 8대 업종 여성들이 흘린 눈물을 모으면 강을 이루어 먼 바다까지 배를 띄워 보내고도 남을 겁니다. 그러면서 평생 벼랑 끝이나 사막 저편에 내몰린 채 고통받습니다.

면담에서 가장 듣기 싫지만 들어야만 하고, 듣고 나서도 곱씹어야만 하는 이야기가 성범죄자와 나누는 대화입니다. 판결문 속 글자는 사실 피해자가 밤마다 꿈에서 가슴을 치고 치를 떠는 고통입니다. 그냥 글자가 아니라 피와 눈물이지요. 읽다 보면 대리 외상 증후군○6이 생길 정도입니다. 하지만 보호관찰 업무를 하려면 대상자가 강도·강간·살인을 저지를 때 도대체 무슨 생각을 했는지 더 자세히 캐물어야 합니다. 온갖 황당무계한 변명, 사이코패스의 더러운 무용담과 책임 전가 따위에 늘 귀를 기울여야 합니다. 어떻게 그토록 비인간적인 행동을 할 수 있는지 이해가 되지 않을수록 더 꼬치꼬치 따져 물어 이해해야 합니다. 성범죄자의 병적인 사고방식을 이해해야만 비로소 성범죄자를 통제할 기회를 잡을 수 있기 때문입니다.

끔찍한 이야기를 너무 많이 들었습니다. 온갖 거짓말을 열심히 꾸며 연기하는 모습을 수없이 보았습니다. 인간의 탈을 쓴 악마가 눈앞에 당당히 앉아 있기도 합니다. 그럴듯한 말로 얼버무리며 대답을 피하기도 합니다. 그때마다

○6   사건·사고를 간접적으로 경험해 당사자가 아닌데도 직접 경험한 것처럼 불안이나 우울감 등 심리적 외상을 겪는 증상을 말한다.

저는 대상자를 지그시 바라보며 아무렇지 않은 척 고개를 끄덕이고 무언가를 끄적이고 미소를 짓거나 눈살을 찌푸릴 수밖에 없습니다. 어떻게 해야 대상자가 꾸미는 겉모습에서 사건의 진상을 꿰뚫을 수 있을까요? 어쩌면 제게는 악마의 귀가 달려 있는지도 모르겠습니다. 대상자 마음속의 사악한 혼잣말이 빤히 다 들리거든요.

하지만 자갈 속에서 반짝이는 사금을 찾은 것처럼 귀중한 빛을 볼 때도 많습니다. 그럴 때는 아무리 쓰라리고 아프고 힘들어도 대상자의 손을 잡아 줍니다. 그러면 가끔은, 자신을 담금질해 조금씩 빛을 내며 햇살 아래로 걸어 나와 '우리' 사이로 섞여들기도 합니다. 우리와 완전히 같은 모습으로 말이지요.

보호관찰관이 무슨 일을 하는지 물으면, 저는 이렇게 대답합니다. 대상자의 실태를 '관찰'하고, 사회의 안전을 '보호'하며, 인간의 존엄을 보장한다고요. 그래서 저는 대상자를 법과 규범의 잣대로 엄하게 단속하면서도, 정성을 다해 대상자의 마음속 가장 깊은 곳을 살피고 연약한 부분을 보듬으며 언젠가는 대상자가 조각난 삶을 새로이 짜맞추기를 소망합니다. 지난 십여 년 동안 수많은 어둠을 보며 인간이 죽음과 법 앞에 얼마나 보잘것없는 존재인지 깨달았습니다. 동시에 참 다행히도 삶과 죽음과 교도소의 담장을 초월하는 빛과 이루 말할 수 없는 아름다움도 보았습니다. 그 아름다움은 소박하고 초라한 대상자와 그 가족이 함께 머리와 주머니를 쥐어짜며 빚어낸, 투박한 언행으로 온 삶을 태워 밝힌 빛이었습니다.

대상자의 나이 드신 어머니 아버지가 제게 인사하는 모습이 언제나 눈에 밟힙니다. 순박하고 고지식한 어르신께서 낡은 빌라나 시골 흙담집 바깥문까지 따라 나와, 물기 어린 눈으로 어쩔 줄 몰라하며 제 손을 꼭 부여잡고, 불경을 외듯 몇 번이나 "선생님 고맙습니다, 선생님 고맙습니다" 하고 말씀하십니다. 제 앞에서도 고개를 숙이며 인사하시고, 제 차가 이미 멀리 떠난 뒤에도 자동차 뒷거울을 보면 여전히 허리를 굽혀 제게 인사를 하고 계십니다. 이 일을 하면서 드라마를 싫어하게 되었습니다. 좋은 장면이든 나쁜 장면이든 저는 모두 직접 목격했기 때문입니다.

부두에 갇힌 용

180센티미터의 거구, 5밀리미터의 짧은 머리, 검게 그을린 피부, 네모나게 각진 얼굴, 굳게 다문 얇은 입술. 헬스 트레이너처럼 근육질 몸매는 아니지만 척 보기에도 만만한 인물이 아닙니다. 살인 사건 범죄자야 하도 많이 만나서 별 느낌도 없지만, 이번 사건은 매우 특이합니다. 해상 살인이라니요.

대상자는 일등항해사였습니다. 부두에서 자라 걸음마보다 헤엄을 먼저 배웠고, 심심하면 직접 고기를 잡아 손질해 먹었습니다. 열 살 남짓에 처음 고깃배에 올라 글은 못 배웠어도 뱃일에는 도가 텄지요. 막내 선원에서 시작해 어느덧 일등항해사가 되었습니다. 평생 바닷일로 먹고살며 바다를 직장으로, 육지를 휴가지로 삼았습니다. 피해자가 같은 배에 탄 선원이었다기에 무슨 일이 있었는지 물었습니다. "평소에도 자주 다퉜는데, 그 친구가 선을 넘으니까 사달이 난 거죠."

판결문 내용과 다르지 않지만 사건 당시 정황을 짜맞추기에는 모자랐습니다. 무슨 일이 일어났는지 상상할 수도, 바닷바람에 닳고 닳아 거칠어진 얼굴에 감춘 속내를 읽어 낼 수도 없습니다. 이렇게 너무하다 싶을 만큼 짤막한 대답에 만족할 수 없지요. 하지만 측면 돌파든 정면 돌파든 아무리 시도해도 얇은 입술에서 나오는 대답은 간결하기만 합니다. 그러면서 예의도 인내도 잃지 않습니다. 낯선 사람도 속 깊은 이야기를 금방 털어놓게 하는 훈련을 오랜 기간 거친 저조차 일등항해사의 속은 도통 알 길이 없습니다.

일등항해사는 규정 하나 어기지 않고 줄곧 정중하고 협조적인 태도를 유지합니다. 다만 아무리 복잡한 질문을 던져도 돌아오는 대답은 늘 단답형입니다.

"네."

"그렇죠."

"좋습니다."

"알겠습니다."

"이해했습니다."

"네, 그렇습니다."

"안녕히 계십쇼."

먼저 꺼낸 이야기는 딱 하나, 다시 뱃일을 나가고 싶다는 바람이었습니다. 원양어선을 타는 일등항해사가 워낙 귀한 탓에, 평소 알고 지내던 선주들이 그의 출소 소식을 듣자마자 줄줄이 찾아왔습니다. 이번 살인 사건이 발생한 그 배의 주인까지 그가 다시 돌아오기를 바랄 정도로 실력을 인정받는 모양이었습니다. 하지만 원양어선은 한번 타면 적어도 삼 년, 길면 오 년이니 다시 뱃일을 나가는 건 빼도 박도 못하는 '보안처분집행법' 위반입니다.◎

규정상 단기로 부두 잡일만 하는 데도 허가를 받아야 하는데, 삼 년 동안 참치 잡으러 파나마까지 가시겠다고요? 그랬다가는 제가 검사에게 낚인 참치 신세가 되어 전기 고문을 받을지도 모르는 판인데....... 안 되는 이유를 설명하자 각진 얼굴을 가로저으며 긴 한마디를 내뱉었습니다. "제

◎ 타이완 보안처분집행법 제74조의2 제5항에 따르면 (보호관찰 대상자는) "보호관찰을 집행하는 자에게 허가받지 않으면 보호관찰 구역을 벗어날 수 없으며, 10일 이상 벗어날 때는 검사에게 심사 및 비준을 받아야 한다." 대상자는 원칙적으로 출경·출항·출국이 금지되며, 단기 출국을 신청하려면 특수 심사를 신청해 허가받아야 한다.

가 육지에서 살아 본 적이 없어서요……. 선생님, 바닷일 아니면 무슨 일을 해야 할지 모르겠어요." 그리고 한숨을 땅이 꺼져라 내뱉었습니다. 저도 함께 한숨을 푹 쉬었지요.

입항하는 모든 선박은 점검을 받고 보수를 해야 합니다. 덕분에 일등항해사의 경험을 살려 쓸 데가 있었습니다. 마지못해 일터로 나간 일등항해사는 선박 부품을 뚝딱뚝딱 고쳐 냈지요. 벌이가 예전하고 하늘과 땅 차이라 생활이 녹록지 않을 텐데도 출석 면담은 거르지 않고 성실하게 임했습니다. 태도도 한결같이 정중하고 대답도 한결같이 단답형이었습니다. 그야말로 단답 대왕이 따로 없었습니다.

그래도 일등항해사라는 외로운 배가 언제 어느 먼바다로 훌쩍 떠날지 모를 일이지요. 제게는 레이더가 없으니 근황을 확인하려면 직접 부두로 나가 봐야죠! 8월, 후텁지근한 바닷바람이 불어오는 어느 화창한 오후였지요. 집 주소는 부두 뒤쪽, 녹슨 철문이 달린 허름한 빌라 가운데 하나가 틀림없었습니다. 그런데 한참을 헤매도 그의 집을 찾을 수가 없더군요. 빌라 호수 배열도 뒤죽박죽인 데다 문패마다 칠이 벗겨지고 글자가 듬성듬성 떨어져 나가 있었습니다. 보호관찰관이 집배원과 동병상련을 느낄 줄 누가 알았을까요!

길을 묻고 싶어도 근처에 가게 하나 없었습니다. 어째서인지 사람의 흔적조차 보이지 않고 적막하기만 했습니다. '혹시 온 동네가 한꺼번에 낮잠을 자나?' '잠자는 숲속의 공주가 물레 바늘에 찔려 모든 사람이 잠들었다는 그 동네가 여기인가?' 나무 그늘 아래로 들어가 강아지처럼 입을 헤 벌리고 더운 김을 뿜으며 땀을 훔쳤습니다. 그때, 시야 가장자리에서 무언가 스르륵 움직였습니다. 길고양이 몇 마리가 같은 방향으로 슬금슬금 기어가고 있었습니다.

고양이를 따라 눈길을 돌리니 대각선 맞은편 구석에 쪼그려 앉은 누군가가 보였습니다. 듬직한 뒷모습이 일등 항해사 같은데, 고양이에 둘러싸여 있었습니다! 검은색·노란색·흰색·얼룩무늬·호피무늬 등 가지각색 털빛에 덩치 큰 아이·작은 아이·예쁜 아이·다친 아이·장애를 지닌 아이까지 모여 있었습니다. 피리 부는 사나이의 고양이 버전이랄까요? 어쨌든 잽싸게 달려갔습니다. 여기서 뭐 하세요? 일등항해사는 쪼그려 앉아 먹이를 주느라, 고양이 떼는 받아먹느라 바빠서 저를 거들떠보지도 않았습니다. 바닥은 온통 하얀 생선 가시투성이였습니다. 일등항해사가 웃으며 저를 올려다보았습니다. 웃는 얼굴은 처음이었습니다.

"아…… 선생님. 시장에서 안 팔리거나 너무 작아서 먹을 게 없는 생선은 다 가져다 먹이거든요. 그래서 제가 생선을 가져오면 녀석들이 모여들어요. 녀석들도 저를 알아보고, 저도 녀석들을 알아봅니다." 일등항해사가 손에 묻은 부스러기를 탁탁 털고 생선 비린내가 진동하는 봉지를 들고 일어서더니, 각진 머리를 살짝 숙여 제 눈높이에 맞추었습니다. "선생님, 먼저 가 보겠습니다. 좀 있으면 배가 들어와서 정리해야 하거든요."

"자, 잠깐, 잠깐만요, 댁이 도대체 어디예요?"

"앞에서 두 번째 빨간 철문입니다. 3층이에요. 아내가 있을 겁니다."

저는 속으로 구시렁댔습니다. 아니, 온 철문이 하나같이 얼룩덜룩 벌겋게 녹슬었는데 어떻게 찾냐고요. 알고 보니 문패를 살피며 왔다 갔다 할 때 서너 번이나 지나친 집이었습니다.

높이가 들쭉날쭉한 낡은 계단을 올라 그의 집으로 들어섰습니다. 생각보다 아늑하고 깔끔했습니다. 질박하고 클래식한 흰색 시폰 커튼으로 햇살이 스며들었습니다. 거실은 좁지만 먼지 한 톨 없었습니다. 집 안 가득한 꼬마 분재 화분은 모두 값싸고 흔한 종이기는 해도 잘 가꾸어져 파릇파릇 생기가 넘쳤습니다.

    일등항해사 사모님이 더위에 지친 저를 살갑게 맞아
주었습니다. 사모님이 찻물을 올리러 간 사이 1960년대에
서 시간이 멈춘 듯한 집 안을 감상했습니다. 세월의 질감이
묻어나는 커피색 가죽 소파에 앉아 알록달록한 뜨개 쿠션을
등허리에 받쳤습니다. 예스럽고 단아한 가구 표면에 흰빛과
초록빛이 어우러진 광택이 은은하게 감돌았습니다. 후텁지
근한 바깥과는 전혀 다른 세계로 들어온 듯했습니다.

    사모님은 평범한 중년 여성처럼 보였지만, 사모님이
들려주는 이야기는 집이 주는 느낌처럼 정갈했습니다. 사
모님의 목소리는 형언하기 어려울 만큼 매력적이었습니
다. 메조소프라노 톤으로 말의 높낮이와 빠르기가 지나치
거나 모자라지 않고, 호흡이 가지런하며 발음이 또렷했습
니다. 표준 중국어와 타이완어를 넘나드는데 전혀 어색하
지 않았습니다. 누구라도 편안한 마음으로 이야기에 빠져
들 만했지요. 무엇보다 군더더기 없는 말맵시가 참 마음에
들었습니다.

    저는 참지 못하고 목소리가 너무 좋다고 칭찬을 했습
니다! 사모님이 웃었지요. 중후하면서도 청아한 웃음이었
습니다. 일등항해사도 얼굴도 보기 전에 저랑 똑같이 칭찬
을 하며 사모님을 쫓아다니기 시작했다고요! 흥미진진한

사랑 이야기를 어떻게 놓치겠습니까? 사연은 이랬습니다. 일등항해사가 바다에 나가면 라디오 어업 방송을 꼭 들었는데, 사모님이 젊은 시절 어업 방송국의 아나운서였던 것이지요. 그 우아하면서도 포근한 목소리를 들으며 망망대해를 떠도는 뱃사람들은 육지를 그리곤 했습니다.

두 사람은 특수한 주파수를 통해 이야기를 나누기 시작했습니다. 그렇게 전파 연애가 이어졌습니다. 아직 온라인 스트리밍 같은 편리한 기술이 없던 시절이었지요. 바다에서는 펜팔로 편지나 사진을 주고받을 수도 없고, 만난 적이 없으니 서로 얼굴도 몰랐습니다. 하지만 사랑에 빠지는 데 무슨 정해진 규칙이 있는 건 아니죠. 둘은 일등항해사가 타이완으로 돌아오면 부두에서 만나 곧장 식장으로 달려가자고 약속했습니다!

그런데 타이완으로 돌아오는 길에 일등항해사와 피해자 사이에 다툼이 벌어졌습니다. 피해자는 말 그대로 맞아 죽고 일등항해사는 비좁은 창고에 갇혔지요. 전파는 사랑의 메시지 대신 형사 사건 신고를 실어 보냈습니다. 배가 부두에 닿자마자 대기하던 해양경비대가 일등항해사를 구치소로 연행했습니다. 타이완 구치소 규정에 따르면 면회는 부모·자녀·배우자 등 일촌 이내 가족만 가능합니다. 당시의 여자친구, 지금의 아내는 갖은 애를 써 가며 혼인신고서를 구치소로 보냈고, 두 사람은 철창을 사이에 두고 서로의 얼굴을 처음 보았습니다.

여자친구가 아내가 되는 과정에 결혼식이나 피로연, 신혼집 입주·신혼여행은 없었습니다. 둘은 처음 만난 자리에서 변호사 선임·합의·배상금·소송 절차를 의논했습니다. 이어서 일등항해사가 법정에 몇 번 출석하고 이감하는 사이 신부의 검은 머리칼이 희끗해졌습니다. 신랑의 결혼 '예복'은 여전히 죄수복이었고요.

낭만과 슬픔이 담긴 사랑 이야기가 주인공의 입에서 흘러나왔습니다. 그 시절의 감미롭고 애잔한 사랑 노래를 듣는 것처럼, 보호관찰관이라는 직업적 외피가 사르르 녹아내렸습니다. 젖은 눈을 감추려 고개를 돌렸습니다. 거실 텔레비전 거치대에 놓인 고등학교 2학년 여자아이의 상장과 사진이 보였습니다. 일등항해사가 교도소에서 외역을 나와도 집에 들르기는 어려웠을 텐데 어떻게 아이를 낳았는지 궁금했습니다. 사모님이 미소를 지었습니다.

"우리 아이는 맞지만 제가 낳지는 않았답니다……."

알고 보니 일등항해사가 수감될 무렵 사모님의 언니가 낳은 아이였습니다. 사모님이 일등항해사와 상의해 입양했지요. 아이는 엄마 손에 자라며 아빠가 늙어 가는 모습을 교도소 면회실 창문 너머로만 지켜보았습니다.

저는 가슴에 사무친 사랑이 어떤 모습인지 잘 모릅니다. 사귀자는 남자가 줄을 섰다던 라디오 아나운서가 얼굴 한 번 본 적 없는 일등항해사와 사랑에 빠지다니요? 부모와 연을 끊으면서까지 교도소에 있는 죄수와 결혼하다니요? 방송국의 명예를 실추했다는 죄로 이런저런 사유를 뒤집어쓰며 해고당하고 아르바이트를 전전하면서도 혼자서 아이를 길러 내다니요? 어떤 힘이 사모님을 그렇게 할 수 있게 했는지, 저는 알지 못합니다.

하지만 저도 여성입니다. 직접 겪지 않아도 그 길이 얼마나 험난한지 상상할 수 있습니다. 저는 끝내 프로답지 못한 질문을 던졌습니다.

"사모님, 후회하지 않으세요?"

사모님이 소녀처럼 수줍게 웃으며 고개를 저었습니다.

"선생님도 봐서 아시잖아요. 그이는 정말 대단한 남자예요!"

저도 웃으며 고개를 저었습니다. 사실은 보고도 몰랐거든요. 하지만 또렷이 들었습니다. 목소리로 맺어져 평생토록 울려 퍼지는 사랑의 종소리를요.

꽃을 만지는 손

보호관찰관이 대상자를 처음 만나는 곳은 면담실입니다. 오래 일하다 보면 관례적인 공무를 처리하듯 뻔한 이야기만 주고받기도 하죠. 하지만 '꽃꽂이 청년'과 나눈 이야기는 아직도 떠올릴 때마다 피식 웃음이 새어 나옵니다.

"무슨 일 하세요?"

"꽃 시장에서 꽃 배달해요."

"훌륭하네요. 일은 좀 할 만하세요?"

"그럼요! 전에도 해 봤거든요. 근데요, 제가 이것만 하는 게 아닙니다. 부업도 해요."

"부업도 할 수 있어요?"

"그럼요. 저 꽃꽂이해요."

"어떻게 그런 위법 행위를 할 수 있어요? 도박장에서 꽃 꽂으면° 가석방 취소인 거 몰라요?"

"아니, 선생님은 왜 저를 그렇게 나쁘게만 보세요? 제가 하는 건 진짜 꽃꽂이라니까요!"

총기 사건, 가슴 문신, 5밀리미터로 빡빡 민 머리, 검게 윤이 나는 피부. 안경을 깨끗이 문질러 닦고 다시 바라보았습니다. 아무리 봐도 꽃꽂이할 인상이 아니었습니다. 외모로 사람을 평가하면 안 되지만, 그때는 정말 그렇게 보였거든요. 다행히 동호회에서 겉핥기로나마 꽃꽂이를 배운 적이 있어서 관련 용어 몇 가지를 시험해 보았습니다. 이케노보°2 · 플로랄폼°3 · 서양화······. 대상자는 계절별 제철 식물과 그에 어울리는 품종을 술술 읊었습니다. 부모님이 고향에서 이름난 화훼 농장에서 일한 덕에 어릴 적부터 어깨너머로 배웠다고요. 어쩐지 줄줄 꿰더라니. 실례했습니다. 안경 탓이 아니라 저의 선입견이 눈을 흐린 탓이에요.

꽃에 관한 전문 지식과 능력도 갖추고 인맥도 탄탄하

°   (마작판에서) '돈을 걸다' '판돈을 올리다'라는 의미로, 꽃꽂이를 뜻하는 말과 발음이 같다. 타이완에서 마작을 즐기는 것 자체는 법에 저촉되지 않지만, 공공장소에서의 도박은 금지되어 있다.

°2   일본의 꽃꽂이 유파 가운데 하나이다.

°3   꽃꽂이에 쓰는 특수 스펀지. 오아시스라고도 한다.

니 합법적인 수단으로 떳떳하게 먹고살 수 있을 텐데 무엇하러 총을 들었을까요? 꽂꽂이 청년이 못마땅한 표정을 지었습니다. "저도 그러기 싫었는데요, 설이 다 되도록 사장이 월급을 안 주는 거예요. 암만 따져도 안 주려고 하더라니까요. 그래서 홧김에 친구한테 총을 빌려서 집으로 찾아갔죠!" 그다지 합리적이진 않지만, 일단 그 논리에 따라 질문을 이었습니다. "그래서, 돈도 잘 받고, 설도 잘 쇠고, 그러고 나서 잡힌 거예요?"

"아니 선생님, 돈이라도 받았으면 잡혀도 덜 억울하죠. 문제는 돈도 못 받고 입원까지 했는데 잡히기까지 했다는 거예요....... 나중에 뉴스까지 탔다니까요. 선생님도 웃기죠?" 대상자를 면담하면서 흔히 겪는 곤란한 상황은 이야기가 걷잡을 수 없이 뻗어나가 갈피를 잡기 어려울 때입니다. 그 사이사이에 판결문에도 안 나오고 이해도 안 되는 내용이 끼어 있으면 더 헷갈리지요. 자자, 꽂꽂이 청년, 차근차근 갑시다. 어쩌다 뉴스에 나왔죠? 입원은 또 왜 했고요? 돈 못 받은 일이야 그럴 만한 것 같으니 그 이야기는 그냥 건너뛰어도 괜찮겠고요.......

"그게 말이죠, 친구가 저한테 총을 빌려줬잖아요. 그러고 제가 사장한테 돈을 받으러 갔잖아요. 근데 돈을 못 받으니까 성질이 나잖아요. 그래서 차 끌고 집에 가면서 친구한테 전화를 한 거예요. 사장 진짜 너무하다고, 저 인간을 어떡하면 좋겠냐고요. 근데 갑자기 어디서 '빵' 소리가 나는 거예요? 바퀴가 터졌나 했는데 차는 멀쩡하게 굴러가더라고요. 좀 있으니까 바지가 뜨끈뜨끈해요. 오줌도 안 쌌는데요. 글쎄 밑을 보니까 아주 피바다인 거 있죠! 사장네 갈 적에 총 안전장치를 풀어놓고선 까먹고 그대로 허리띠 뒤에 꽂은 거예요! 그때 갑자기 엉덩이가 무진장 아프더라고요. 그래서 한 손으로 운전대 잡고 한 손으로 전화기 붙들고 입으로 친구랑 쌍욕을 퍼부으면서 엉덩이 아픈 거 참으면서 발로는 엑셀을 백 키로 넘게 밟아서 응급실로 간 거예요. 병원 입구 근처에서 중앙선 밟고 좌회전해서 응급실 앞까지 냅다 달렸죠. 경비가 쫓아왔고, 저는 차문을 열다가 굴러떨어져 땅바닥에 널부러졌어요. 온 엉덩이에 피가 흥건더라고요. 그러고 그대로 기절했죠."

"그다음에는요?"

"어…… 그게요, 그 의사 양반도 참 거시기하더라고요. 자꾸 실실 웃으면서, 총알이 딱 엉덩이 살집만 관통하긴 했는데 청바지가 피범벅이 돼서 벗길 수가 없으니 자르는 수밖에 없다는 거예요. 에잇, 그 청바지 비싼 거였는데! 하아…… 탄피도 운전석에 떨어져서 일주일 내내 머리 처박고 찾았다니까요. 총이 있으니까 의사가 신고했는지 좀 있다 경찰이 왔거든요. 병실 앞에서 박장대소만 하고 그냥 가더라고요. 며칠 지나서 친구들도 다 알았어요. 와서 한 번씩 웃고 가더라고요. 아, 선생님도 웃기면 웃으세요. 안 참아도 괜찮아요."

"그다음에는요?"

"나중에 퇴원할 때 되니까 경찰이 데리러 왔더라고요. 가족은 못 데려간다고요. 그 와중에 의사는 막 축하한다고, 운도 참 좋다고, 총알이 신경을 안 건드렸으니 앞으로 걷는 데 지장은 없을 거라 하대요. 그 양반이 또 한다는 소리가, 뒤쪽이 다쳤으니 천만다행이라고, 앞엣것 기능에는 아무 영향도 없다고……."

"그다음에는요?" 그래서 그게 끝이었습니다. 엉덩이에 총을 맞은 채 욕을 퍼부으면서 손으로는 전화기와 운전대를 잡고 발로는 엑셀을 밟아 병원으로 돌진하는 장면을, 머릿속에서 도저히 떨쳐 낼 수 없었습니다. 대충 둘러대고 면담을 일찍 끝냈지요. 그리고 제 평생 가장 빠른 걸음으로 후다닥 튀어 나가 복도 끝에 숨어서 배꼽이 빠져라 웃기 시작했습니다. 눈물이 날 때까지.

거짓말이라고 의심할까 봐 걱정이 되어서였을까요, 아니면 뉴스에 난 것을 일생일대의 위대한 업적으로 여겨서였을까요? 며칠 뒤 꽃꽂이 청년은 자신이 총기 사건으로 체포되었다는 신문 기사를 오려서 가져왔습니다. 그래 놓고서는 제가 기사를 다 읽자마자 얼른 되가져가 정성껏 갈무리했습니다. 아무래도 궁금하더군요. "친척들, 친구들도 다 봤겠네요?" 꽃꽂이 청년이 골똘히 생각하더니 그럴싸한 답을 내놓았습니다. "친구들은 다 알 텐데 친척들은 모를 거예요. 근데 아마 친구들이 친척들한테도 말했을걸요? 어차피 시골 동네라 친구가 거의 다 친척이기도 하고. 뉴스를 안 봤으면 제 말이 진짜라고 믿지도 않겠죠!"

자신이 저지른 범죄에 대해 시시콜콜한 내용까지 털어놓은 꽃꽂이 청년은, 평소 사는 이야기도 하나부터 열까지 시시콜콜 털어놓았습니다. 좋아하는 사람에게 잘 보이려면 어떻게 해야 하느냐며 연애 상담까지 받으러 왔지요. 워낙 오래 알고 지내서 심심하면 같이 밥 먹고 수다 떠는 사이라 좋아한다고 대놓고 말하기는 부끄럽다나요.

보통 남자들은 고백하면서 꽃을 선물하는데, 하필 두 사람 모두 화훼업 종사자라 꽃 선물은 안 하느니만 못했습니다. 베르테르처럼 짝사랑에 괴로워하는 건 대상자에게는 좋은 일이죠. 다만 연애 상담이나 부부 상담도 곧잘 하는 보호관찰관으로서, 사랑에 가정 폭력이나 재산 다툼이 없어야 한다는 점을 훨씬 강조해서 그에게 일러주었습니다. 언제까지나 봄바람 살랑이고 꽃향기 그윽할 수는 없으니까요. 사랑이 초심을 잃었을 때, 사람의 본질이 나오는 법입니다. 안타깝게도 저는 꼿꼿이 청년의 사랑이 꽃피는 것을 보지 못했습니다. 갑작스럽게 다른 곳으로 발령을 받았거든요. 짧은 시간 안에 이 사실을 모든 대상자에게 알리고 인수인계도 해야 했습니다.

모든 대상자를 좁은 회의실로 한꺼번에 불러 모아 준수 사항을 안내했습니다. 대상자들은 안도하거나 무표정하거나 눈시울을 붉히거나 한숨을 쉬거나 콧물을 훔쳤습니다. 저는 마지막 인사를 했습니다. "만남이 있으면 헤어짐이 있기 마련입니다. 어떤 인연은 아름답게 시작해서 비참하게 끝납니다. 가정 폭력으로 헤어진 배우자처럼 말이지요. 어떤 인연은 비참하게 시작해도 아름답게 끝납니다. 영예롭게 졸업○4하는 보호관찰 대상자처럼 말이지요. 여러분 모두가 다른 선생님과 함께 영예롭게 졸업하기를 바랍니다."

사람들이 거의 다 자리를 떴을 때쯤 저는 책상 위에 흩

○4 타이완 보호관찰 실무 현장에서 편하게 쓰는 말로, 부과받은 보호관찰 기간을 중도 취소 없이 오롯이 마치는 것을 이른다.

어진 자료를 정리하기 시작했습니다. 그때 갑자기 맨 뒤에 있던 꽃꽂이 청년이 달려 나와 제가 대꾸할 틈도 주지 않고 말을 쏟아 냈습니다. "선생님, 선생님, 제가 이 말씀은 꼭 드려야겠는데요……." 그러면서 비즈니스맨처럼 오른손을 내밀어 제 손을 잡고 악수를 하면서 간절한 눈빛으로 저를 바라보더니 "선생님 고맙습니다, 정말 고맙습니다, 고맙다는 말씀을 꼭 드려야겠어요……." "그동안 선생님께서 저를 얼마나 많이 가르쳐 주셨는지요." 같은 말을 알아듣기 힘든 모호한 발음으로 속사포처럼 쏟아 내며 허리를 굽신굽신했습니다. 그러더니 "안녕히 가세요, 건강 잘 챙기시고요." 하는 식의 인사를 남기고 연기처럼 사라졌습니다.

꼼짝할 수 없었습니다! 갑자기 손을 잡혀서 불쾌하거나 성추행당하는 느낌이 들어서가 아니었습니다. 꽃꽂이 청년의 커다랗고 투박한 손 여기저기에 딱지가 앉아 까끌거리는 모래를 움켜쥔 듯했습니다. 백 편의 뉴스보다, 청아한 국화와 웅장한 글라디올러스, 가시 투성이 장미가 남긴 영광의 상처가 그의 일에 대한 진심과 노력을 더 대변하는 듯했습니다. 이건 총을 잡는 손이 아니라, 꽃을 만지는 손이 틀림없었습니다.

교도소에서 온 편지

보호관찰관이 되기 전, 업무에 따른 위험 때문에 모르는 사람에게 협박을 받아 경찰에 신고하러 간 적이 있습니다. 원한을 살 만한 일을 했느냐고 묻더군요. 분명하게 밝혔습니다. 언제 어떤 일이 발생했고 어떤 이해관계가 어떻게 얽혀 누구에게 원한을 살 수 있는지를요.

보호관찰관이 된 후에도 여전히 업무에 위험이 따릅니다. 다만 이제는 비슷한 일을 겪어도 무슨 일이 언제 발생해서 이해관계 충돌이 생기거나 원한을 살 수 있는지 알 길이 없습니다. 보호관찰관 업무의 특성 때문이지요. 대상자가 규정을 어기면 법에 따라 '가석방 취소'◎를 신청해 그를 교도소로 돌려보내야 합니다. 대상자에게는 제가 원수인 셈이니 대상자와 연인, 온 가족이 저를 원망하지요. 그래서 주소도 특이하고 검열 도장까지 찍힌 편지를 받을 때는 아예 뜯고 싶지도 않았습니다. 교도소에서 온 편지였거든요.

낯익은 글씨체였습니다. 한 글자 한 글자 꾹꾹 눌러 또박또박 써 내려간 글씨, 초등학생이 강판에 새긴 듯했습니다. 장기 수감자가 쓴 글씨가 대부분 이렇지요. 거기에 손끝의 미세한 떨림이 묻어나는 독특한 글꼴을 보노라니 두 해나 흘러 잊은 줄 알았던 기억이 새록새록 떠올랐습니다. 편지 내용은 매우 짧았습니다. 사실 요점은 딱 두 마디였지요. "너무너무 죄송합니다. 너무너무 후회합니다." 선생님의 가르침에 면목이 없다, 보호관찰을 떳떳하게 마칠 줄 알았는데 어머니께 실망을, 선생님께 괴로움을, 자신에게 수치를 안겼다, 모두 자신이 요행을 바란 탓이다, 하는 내용이었습

◎　　타이완 보안처분집행법 제74조의 2에 따르면, 보호관찰 대상자는 보호관찰 기간 동안 다음 사항을 준수해야 한다. ①선량한 품행을 유지하고 불량한 자와 임의로 왕래하지 않는다. ②검찰과 보호관찰관의 명령에 따른다. ③피해자, 원고인 또는 고소인과 분쟁해서는 안 된다. ④보호관찰관에게 건강 상태, 생활 현황 및 근로 환경 등을 적어도 매월 1회 보고한다. ⑤보호관찰관의 허락 없이 보호관찰 구역을 벗어나지 않고, 10일 이상 벗어날 때는 검사의 인가를 받는다. 보호관찰 대상자가 준수 사항 가운데 하나를 위반할 경우, 위반 정도가 무거운 자는, 보안처분집행법 제74조의 3에 따라, 해당 사유를 근거로 가석방을 취소해야만 한다.

니다. 성실하게 복역하고 나와서 자유의 몸으로 선생님을 다시 찾아가 사죄하겠다고 다짐하며 편지를 맺었습니다.

편지를 읽고 나니 어느새 그때가 눈앞에 펼쳐졌습니다. 아투는 다른 지검에서 넘어 온 대상자였습니다. 전과가 켜켜이 쌓여 교도소에 드나든 기간이 삼십 년이나 되었고, 외모도 딱 그럴 사람처럼 생겨서 남들이 좋아할 만한 인상이 아니었습니다. 하지만 면담해 보니 기록에 적힌 것만큼 악랄하지는 않고 꽤 진국인 듯했습니다. 이번에는 금방 출소해 제대로 할 줄 아는 일이 없는데도 곧장 일용직 일자리를 구해 열심히 일했습니다. 일당 천 타이완 달러○짜리 일로 시작해 이를 악물고 거리도 쓸고 쓰레기도 치우고 공사장 뒷정리도 했습니다. 그러다 파견 나간 조경 식재 회사에서 적성을 찾아 정식으로 원예를 배우기 시작했지요.

고용주는 아투가 전과자라는 사실을 모른 채 수습으로 고용했습니다. 그런데 아투의 태도가 고용주를 놀라게 했지요. 가오슝의 땡볕 아래 땅을 파고 나무를 심으려면 땀이 비 오듯 흐릅니다. 그러나 땅을 깊이 파야 뿌리가 제대로 자리 잡을 수 있습니다. 그래야 나무가 비바람을 견디고 무럭무럭 자라 꽃 피우고 열매 맺을 확률이 높아지니까요. 하지만 땅을 얼마나 깊이 팔지는 오로지 작업자의 양심에 달

○　2022년 한 해 동안, 1타이완 달러는 한화로 약 42~45원 사이를 오갔다. 조금 적게 40원이라고 잡으면 천 타이완 달러는 4만 원이다.

렸습니다. 땅을 얕게 판다고 나무가 바로 죽는 것이 아니라 한참 시간이 흐른 뒤에야 식재 결과가 나오기 때문이지요.

남들이 짬짬이 게으름을 피우는 사이에도 아투는 삽을 들고 땀을 흘렸습니다. 될성부른 인재라 여긴 고용주가 일당을 올리고, 어느 식물이 서로 어울리는지, 어느 식물이 어떤 생장 환경에 적합한지 같은 전문 지식을 숨김없이 가르쳤습니다. 외모는 투박해도 머리는 영민한 아투였기에 머지않아 고용주의 손발이 되었고, 그제야 검찰청에 출석해 면담해야 한다며 자신의 전과를 털어놓았지요. 고용주는 굉장히 놀랐지만 괜찮다고 아투의 어깨를 다독이며, 앞으로 출석 면담하러 가는 시간을 일당에서 제하지 않을 테니 미리 알려만 달라고 했답니다! 아투가 얼마나 기뻤는지 면담 날 그 이야기를 하다 감동의 눈물을 펑펑 쏟았습니다. 열심히 일해 사장님께 꼭 보답하겠다면서요.

사실 아투를 도운 소중한 사람은 전에도 있었습니다. 면담에서 나누는 이야기가 깊어지면서, 아투는 사립 공상 직업학교에 다니던 시절 모두를 벌벌 떨게 하던 교관 선생님○2을 떠올렸습니다. 교관 선생님은 복장·태도·행동이 불량한 학생을 엄하게 단속해 벌을 주었는데, 아투는 걸핏하면 걸려서 블랙리스트에 올랐습니다. 아투는 자주 교관

○2   타이완의 중·고등학교에서 군사 훈련·학생 생활 지도 감독·치안 경비를 담당하는 장교급 군인이다.

선생님을 피해 도망다녔죠. 그러나 아투는 장점이 하나 있었는데요. 화가 머리 끝까지 난 교관 선생님에게 일단 붙잡히면 무슨 벌이든 성실하게 받아들이고 요령을 부리지 않는다는 것이었습니다. 다만 잘못을 알면서도 고치지 못해 블랙리스트에서 빠지지 못하는 게 문제였지요.

그래도 아투가 잘못을 인정하고 처벌을 받아들이니, 교관 선생님은 벌을 주고 나서도 아투를 따로 불러 챙기고 집으로 데려가 밥을 먹이기도 했습니다. 아투는 이런 이야기를 털어놓으며 아버지의 따뜻한 정을 그리는 아들 같은 표정을 지었습니다. 얼마 전 친구가 교관 선생님을 찾아갔는데, 여든이 넘어 퇴임하신 뒤로도 학교 근처 옛집에서 사모님과 함께 지내시더라면서요. 자기도 무언가를 이루고 나면 기회를 봐서 교관 선생님을 찾아뵙겠다고 하더군요.

대상자가 법을 어기지만 않으면 자기 삶에서 어떤 결정을 내리든 존중한다는 것이 저의 원칙입니다. 누구나 자기 삶을 스스로 선택할 권리와 스스로 책임질 의무가 있으니까요. 제 의견은 그 선택지 가운데 하나일 뿐입니다. 보호관찰관의 의견이라 해서 무조건 최선이라는 법도 없고요. 그래서 대상자에게 제 생각을 강요한 적이 한 번도 없었습니다. 그런데 이때 딱 한 번 그 원칙을 어겼습니다.

"아투, 미루면 안 돼요. 지금 가세요. 이미 이룬 게 있잖아요. 어서 교관 선생님을 뵈러 가야 해요."

"고작 일용직이 뭐라고요. 남들은 사업해서 사장 돼서 돈도 잔뜩 버는데, 못해도 작업반장은 돼야 가죠. 이래 갖고서 무슨 낯으로 뵙겠어요!"

"선생님은 벌써 여든이셔요. 지금 정정하시다 쳐도 얼마나 더 사실 것 같아요? 더구나 교도소를 삼십 년이나 들락거리는 동안 연락 한 번 안 드렸잖아요? 교도소 밖에 있다는 것만 해도 삶에서 굉장한 성취예요. 지금 일도 잘하고 있잖아요. 지금 안 가면 나중에 분명히 후회한다니까요. 제 말 들어요. 당장 가서 교관 선생님께 연락할 방법이 없는지 알아보라고요. 빈손으로 가지도 말고요. 작은 거라도 준비해 가서 뵙는 게 예의예요. 당장, 면담 끝나자마자, 오후에 바로 가세요!"

아투는 평소 면담 태도가 무척 양호하고, 소변 검사도 줄곧 정상이었습니다. 그래서 제가 이렇게 강하게 말하는 걸 들은 적이 없었지요. 그날 아투는 당황한 표정으로 고개를 끄덕이더니 허둥지둥 달려 나갔습니다!

다음 달, 정기 면담에 출석한 아투는 앉기도 전에 입을 열었습니다. "선생님, 선생님! 교관 선생님이 저를 엄청나게 반겨 주시고, 용돈까지 주려고 하셨어요!"

"서두르지 말고 차근차근 이야기해 보세요!"

그날, 아투는 정말로 갔답니다! 덤벙대다가 연락도 없이 덥석 찾아가기는 했지만요. 오래된 마당에는 그 시절 그대로 꽃나무가 가득하고, 부겐빌레아 덩굴이 담장 저 높이 뒤덮여 있었지요. 다행히 교관 선생님은 아직 그곳에 살고 계셨습니다. 문을 열고 지팡이로 몸을 가누며 나온 교관 선생님은, 햇볕에 그을려 번들번들한 중년 남성이 누구인지 알아보지 못했습니다. 외국인 노동자인 줄 알았다나요. 그래도 아투가 이름을 밝히니 금세 떠올리고 기뻐 어쩔 줄 모르며 사모님에게 아투를 소개하고 지난 일을 이야기했습니다. 밥이나 얻어먹고 다니던 녀석이 그새 자식 키우는 아비가 되었구나. 늙은 교관 선생님이 눈물을 글썽였고, 아투도, 사모님도 함께 눈물을 글썽였습니다.

차마 꺼내기 어려운 과거는 자세히 털어놓지 않았습니다. 마지막 한 번 교도소에 다녀온 사정만 이야기했지요. 출소한 지 얼마 되지 않았다는 이야기를 아무 말 없이 듣던 교관 선생님이 지팡이에 기대 휘청거리며 방으로 들어갔습니다. 잠시 후 교관 선생님은 붉은 돈 봉투를 아투에게 건넸습니다. 아투가 손사래를 치며 자기가 준비한 봉투를 꺼내 두 손으로 공손히 내밀었습니다. "보호관찰관 선생님이 선물을 사라고 했는데, 뭘 사야 좋을지 모르겠더라고요. 교관 선생님께 효도하는 데는 이게 그나마 나을 것 같아서요." 교관 선생님은 기어코 눈물을 쏟고 말았습니다. "찾아온 학생 중에 돈 빌려 달란 놈도 있었는데, 이 늙은이한테 효도한답시고 봉투를 가져오는 학생은 아투 이 녀석밖에 없구먼……."

아투는 이야기를 하면서도 중간중간 눈물 콧물을 훔쳤습니다. "선생님 말씀을 들어서 다행이에요, 진짜진짜 다행이에요. 교관 선생님이 시간 날 때마다 들르라고 하시더라고요. 추석 쇠고 나서 부겐빌레아 덩굴 다듬어 드리기로 했어요." 저는 한참 뜸을 들이고서야 입을 뗄 수 있었습니다. 두 사람이 다시 만나는 데 제가 역할을 했다는 것과 상관없이 진심으로 감동했거든요. 하지만 아투 앞에서 감정을 드러내면 프로답지 못하잖아요. 심호흡을 하며 메인 목을 애써 가다듬고 아투를 격려해 주었습니다. 자주 들르겠다는 약속 꼭 지키기를 바란다고요.

하지만 추석을 쇠지 못하고 아투는 경찰에 잡혔습니다. 보통 누군가 불쑥 찾아오면 좋은 용건이 아닐 때가 많습니다. 아투가 면담하는 날도 아닌데 면담실 문을 두드리니 아무래도 불길하더군요. 보석으로 풀려나자마자 저를 찾아온 아투는 눈물 콧물 범벅이 되어 뜻밖의 이야기를 털어놓았습니다.

아투는 대청소를 하며 이런저런 상자를 정리하다가 아주 오래된 물건까지 꺼내어 보았습니다. 그러다 서랍 가장 깊은 곳에서 헤로인 한 봉지를 발견한 것입니다! 흡입해야 할지 버려야 할지 몰라 한참을 들고 멍하니 서 있다가 그대로 거리로 나갔습니다. 그렇게 길을 건너는데 지나가던 경찰 특수 부대 차량에서 아투의 거동을 미심쩍게 여긴 경찰이 내려 아투를 막아섰습니다. 아투는 순순히 헤로인을 내어놓고 모든 사실을 자백한 뒤 경찰서로 연행되었습니다.

그때 저는 거짓말이 아닐까 의심했습니다. 하지만 나중에 보니 공소장과 판결문에도 같은 내용이 들어 있었습니다. 도무지 알 수 없는 일이었습니다. 아투는 무슨 생각을 했을까요? 흡입할 작정이 아니었다면 변기에 버리고 물만 내리면 될 일이었습니다. 어째서 그것을 들고 돌아다녔을까요?

어르기도 하고 달래기도 하며 거듭 물었습니다. "도대체 무슨 생각을 한 거예요?" 아투는 울기도 하고 진지하게 대답하기도 하고 한참을 고민하기도 했지만, 결국 대답은

"사실 저도 잘 모르겠어요"였습니다. 저는 기어이 막말을 내뱉고 말았습니다. "도대체 머리에 뭐가 들었길래요! 머리가 아주 텅텅 비었어요?" 뜻밖에 아투는 진심으로 고개를 끄덕였습니다. "네!"

보호관찰관이 어떨 때 가석방 취소를 해야 하는지는 법에 명확히 규정되어 있습니다. 아투는 자신의 행위에 책임져야 했습니다. 제 마음이 어떻든 결정을 되돌리지는 않을 터였습니다. 편지를 접고 한숨을 내쉬었습니다. 편지를 갈무리하고 다시는 꺼내 읽지 않으리라 마음먹을 수밖에 없었습니다. 이미 손을 떠난 대상자를 신경 쓰느라 지금 챙겨야 할 대상자의 권익을 해쳐서는 안 되니까요.

이틀 뒤 편지를 다시 꺼냈습니다. 읽고, 읽고 또 읽었습니다. 사다리에 올라 나무를 손질하는 아투를 향해 부겐빌레아 덩굴 아래서 머리가 희끗희끗한 교관 선생님이 지팡이를 휘두르며 작업을 지휘하는 모습이 눈에 아른거렸습니다. 아투의 피부는 여전히 검게 윤기가 흘렀고, 땀 범벅인 얼굴로 교관 선생님을 바라보며 미소를 지었습니다. 이 상상은 아마 2026년이 되어야 실현되겠지요.

5 영웅 집안

첫인상이 중요하다지만, 제 면담실에서는 아닙니다. 전과 기록표를 먼저 보거든요.

　이번 대상자는 서른 살도 안 되었는데 전과 기록이 한 무더기입니다. 얼굴도 보기 전에 전과 기록부터 질릴 만큼 봅니다. 마약, 마약, 절도, 마약, 장물, 마약, 마약, 마약, 절도, 사기, 마약, 마약……. 어휴! 한숨이 절로 나옵니다. 기록표를 덮으며, 혹시 내가 그 표에 '가석방 취소'를 보태는 일이 벌어지지 않을까 생각합니다.

갑자기 웬 청년이 입구에 서서 공손하게 문을 두드리더니, 바른 자세로 "선생님 안녕하세요" 하며 가볍게 목례를 합니다. 3밀리미터로 깔끔하게 민 머리에 귀여운 미소, 햇살처럼 밝은 모습이 대학생 같지, 전과를 쌓아 교도소에 들어갔다 가석방되어 나온 보호관찰 대상자라는 느낌이 들지 않습니다. 서류를 또박또박 작성합니다. 예쁜 글씨체에서 독특한 맵시가 느껴집니다. 글자마다 마지막 획을 오른쪽 위로 살짝 삐쳐 올리는 품이, 깃펜에 잉크를 묻혀 쓰던 시대에 그림처럼 우아하게 춤추는 글씨를 보는 듯합니다. 도장을 찍어 사무적인 법적 절차를 완료하고, 규정에 따라 마지막 질문을 합니다. 무슨 문제는 없나요? 청년이 초롱초롱한 눈으로 저를 바라봅니다. "선생님, 저 문제 있어요!"

"무슨 문제죠?"

"여자친구가 같이 왔는데 밖에 숨어 있거든요. 들어오고 싶어서 저기 문 앞에서 계속 듣고 있어요. 들어와도 돼요?"

"당연하죠!"

사실 배우자나 연인이 대상자와 함께 면담하러 오는 것이야말로 제가 바라 마지않는 소중한 일입니다. 가족의 관심을 느끼고 요구에 답하는 일이 보통 개과천선의 첫걸음이거든요. 친밀한 반려자가 보호관찰관에게 협조하고 싶어 한다면 그만큼 든든한 지원군도 없을뿐더러, 애정이 식는 일을 예방하는 가장 중요한 보호막으로 작용하기도 하고요. 보호관찰관과의 면담에 함께 오는 배우자나 연인, 심지어 엄마는 하늘이 내린 선물이나 마찬가지라 열렬히 환영해도 모자랄 판에, 여자친구를 문밖에 숨겨 놓다니요?

말이 떨어지기 무섭게 여자친구가 고개를 빼꼼 내밀더니, 곧 웃음기 가득한 둥근 얼굴과 둥근 몸집, 둥근 배를 드러내며, 한 손으로 허리를 받치고 한 손으로 의자를 꺼냅니다. 그 모습을 보노라니 마음이 점점 무거워집니다. 임신했잖아요! 청년은 방금 출소했는데, 그럼 누구 아이죠? 마약 다음 전과로 살인을 추가하지는 않겠죠? 그것도 임신부를!

보호관찰관은 무슨 일이든 최악의 경우를 생각하면서도 티를 내서는 안 됩니다. 경솔하게 누구 아이인지 묻자니 전문가답지도 않고 너무 위험한데……. 안전하게 측면 돌파하기로 합니다. 가족은 어떻게 되나요?

아빠는 살아 계신데 직업은 없어요. 엄마도 살아 계신데 직업은 없고요. 여동생도 살아는 있는데 직업은 없어요. 셋 다 같이 안 살고요. 연락처도 없고요. 전화번호야 당연히

없죠! 가만, 이상한데요? 청년이 저한테 거짓말을 한 것이 아니라면 자료를 거짓으로 작성한 것 같습니다. 하지만 두 사람 모두 진지한 얼굴로 정말이라고 하네요! 다들 교도소에 있다고요!

잠깐만요, 확실히 합시다. 그러니까, 아빠·엄마·여동생 모두 교도소에 있다고요? 청년이 진지하게 대답합니다. 네! 아빠가 먼저 들어갔는데 한 이십 년쯤 받았어요. 엄마는 이 년 늦게 들어가서 십몇 년인가 받았고요. 여동생은 작년에야 들어갔는데 개도 십몇 년 받았거든요. 그래서 저는 얼른 들어갔다가 얼른 나왔어요. 개가 그렇게 늦게 들어갔으니 가석방도 얼마나 늦어지겠어요! 저는 지금 집에서 유일하게 바깥에 있는 사람이라 무지 바빠요. 휴일에도 식구마다 면회 시간 맞춰 가서 영치금도 넣어 줘야 한다고요. 제가 나오기 전에는 여동생이 그렇게 감옥마다 돌아다니며 영치금을 넣어 줬거든요.

교도소 세 곳을 쉴 새 없이 뛰어다니며 살피려면 힘들지 않나요? 청년이 뭐 그런 뻔한 걸 묻느냐는 듯 웃고, 여자친구가 달달한 눈빛으로 청년을 바라보더니, 둘이 약속이나 한 듯 고개를 절레절레 젓습니다. "전혀요! 당연하잖아요. 어릴 때부터 누군가가 늘 교도소에 있었으니까요. 아빠가 안 갇혔으면 엄마가 갇히든가. 집에 경찰이 와도 다들 이골이 나서 뭐라 해야 하는지 잘 알아요. 제가 소년범이 되면 엄마가 경찰을 속였고요. 여동생이 소년법원 다닐 때도 맨날 경찰이 왔거든요. 개랑 저랑 같은 초등학교라 선생님들도 다 알았어요! 별거 아니예요!"

별거 아니라고요? 제가 초등학교 다닐 적 기억으로, 교과서 삽화에 나오는 '평범한' 가족은 아빠가 일찍 일어나 신문을 보고 엄마가 일찍 일어나 아침 식사를 준비하는 단란한 모습이었거든요. 그런데 청년에게 '평범한' 가족이란 엄마 아니면 아빠가 수감 중인 모습이었습니다. 그럼 누구 손에 자랐을까요? 청년의 눈시울이 붉어지며 목소리가 착 가라앉습니다. "저, 이번에는 예전이랑 달라질 거예요! 저를 키운 건 할머니였거든요. 이제 건강이 안 좋으셔서 효도할 사람이 저밖에 없어요. 그러니까 선생님, 걱정하지 마세요. 이번에는 진짜 잘할 거예요!" 이번에는 여자친구가 꿀이 뚝뚝 떨어지는 눈길로 청년을 바라보더니, 두 사람이 마주 보며 활짝 미소 짓습니다. 갑자기 온 면담실이 순정만화 속 한 장면으로 바뀌며 분홍분홍한 하트와 토실토실한 비둘기가 한가득 날아다니는 듯합니다. 동시에 상석에 앉은 보호관찰관은 꿔다 놓은 보릿자루가 되었지요.

그래도 보호관찰 신고하러 온 것이지 연애하러 온 것이 아니니까 할 일을 해야 해야겠지요. 보릿자루 신세에서 벗어나고 싶은 제가 서둘러 명령을 내렸습니다. "얼른 가서 소변 검사하세요. 검사 결과 없으면 빈말한 것밖에 안 되니 아무 의미도 없는 거예요!" 청년이 시원스럽게 네, 하고 대답하더니 잽싸게 검사지를 챙겨 소변 검사실로 달려갑니다.

그날부터 청년은 출석 면담 날마다 꼭 여자친구와 함께 오고, 소변 검사도 늘 시원시원하게 했습니다. 면담을 빠지지도 않고 검사를 미루거나 거부하려 핑계를 대지도 않았습니다. 재범률 상위권을 다투는 마약 사범치고는 흔치 않은 우등생이었지요. 이 청년의 전과로는 가히 타이완 마약 이십 년사를 편찬할 수 있을 정도였는데도 말입니다. 본드부터 메스암페타민·헤로인·케타민까지, 단순 투여부터 희석·밀매·밀반입·무상 양도까지, 어느 하나 빠진 구석이 없었으니까요.

청년은 사회에 적응하려 열심히 노력했습니다. 하지만 워낙 오래 마약을 하다 보니 가족이나 친구나 온통 마약과 관련이 있었습니다. 마약 조직 두목 아니면 조직원 아니면 밀매 업자였지요. 정상적인 직업을 찾는 일이 쉽지 않았습니다. 다행히 여자친구의 작은아버지가 공사장 막일을 소개해 주었습니다. 청년은 면담할 때마다 온몸에 흙을 잔뜩 묻히고 왔습니다.

면담을 거듭할 때마다 두 사람은 사랑스러운 모습을 보여 주었습니다. 서로 질세라 자기 근황을 보고하고 상대에 대한 불만을 털어놓기도 했습니다. 먼저 물어보지 못한 임신 문제도 알아서 꺼내더군요.

"선생님, 있잖아요, 제 애가 아니라도 결혼하면 제 애가 될 수 있어요?"

"입양 제도를 묻는 건가요?"

"그런 어려운 말은 모르겠고요, 어떻게 해야 제 애가 되냐 말이죠."

"먼저 아이 아빠를 찾아서 생부 노릇을 할 건지 확인해야죠!"

여자친구가 나섰습니다. "안 그럴 거예요! 어차피 그 사람도 얼마 전에 교도소로 잡혀갔고, 저도 임신한 거 말 안 했단 말예요. 저희는 진작에 아이 아빠가 애 하나뿐이라고 이야기 끝냈어요. 다른 사람은 절대 안 된다고요!"

이럴 때 저는 청년의 의중을 재삼 확인해야 합니다. "확실히 생각하세요. 아빠로서 책임지길 바라요? 자기 아이가 아니라는 사실을 분명히 알잖아요. 그래도 아빠가 되고 싶어요?" 청년이 장난기 어린 표정을 거두고 눈을 크게 뜨며 진지한 표정으로 대답했습니다. "선생님, 저한테 여자 친구는 할머니 빼고 가장 중요한 사람이에요. 얘가 배 속에 품은 아이는 누구한테서 왔든, 무조건 제 아이라고요!"

뜬금없이 타이완의 옛날 노래가 머릿속에 울려 퍼집니다. "사나이~ 당당히 오 척이 넘는 나는 사나이~" 어머나, 이러면 안 되죠, 진지한 상황인데. 1초 만에 자동으로 머릿속 재생기를 음소거 설정하고, 법적 절차를 가동해 혼전 건강 교육을 실시했습니다.

청년이 협조적이기는 했지만, 출장 면담을 가기로 했습니다. 면담실에서 하는 이야기와 실제 모습이 얼마나 다른지 알아야 하니까요. 두 사람은 남의 건물 옥탑에 신세를 지고 조촐한 살림을 차렸습니다. 불법 증축한 계단은 상상을 뛰어넘을 정도로 비좁아서 두 손 두 발로 기어올라야 했습니다. 보금자리는 '초라하다'는 말로도 형용하기 모자란 원룸이었습니다. 의자가 없어 서 있으려니 머리가 천장에 닿았습니다. 가구라고는 바닥에 깐 2인용 매트리스가 전부였습니다. 그나마 얼룩진 분홍 베개 한 쌍에 땟국물이 줄줄 흐르는 솜털 인형 몇 개가 방에 생기를 불어넣었습니다. 연인의 잠자리를 건드리는 민망한 상황을 피하고자, 허리를 숙이고 등을 굽힌 어정쩡한 자세로 하나도 힘들지 않은 척하고 서 있었습니다.

　출장 면담을 마친 뒤, 청년은 할 말이 많은 모양이었지만 직접 입을 열지는 않았습니다. 몇 번이나 여자친구를 통해 이런 말을 전했지요. "선생님, 앞으로 대상자 집에 혼자 방문하시면 안 돼요. 얼마나 위험한데요. 저 같은 성인군자야 괜찮지만, '바나나'◎ 같은 나쁜 놈들 집에 여자 혼자 가면 큰일 난다고요!" 청년의 배려에 마음이 따뜻했습니다. 본인과 타인을 평가한 말에 대해서는 아무래도 웃음을 참기 어려웠지만요.

　몇 달 뒤 여자친구의 배가 풍선처럼 커다랗게 부풀어 오른 무렵이었습니다. 마지막 면담 날이자 보호관찰 종료를 사흘 앞둔 날이기도 했습니다. 지각 한 번 하지 않던 청년이 면담 시간이 지나도록 나타나지 않았습니다. 한참 걱정하던 차에 여자친구의 전화를 받았습니다. 꺼이꺼이 우느라 목소리도 제대로 못 내고 말에 두서가 없었습니다. "선생님, 죄송해요! 오늘 면담 못 가게 됐어요. 제가 오후에 데려가려고 했는데, 갈 수가 없게 됐어요. 그러니까 애가, 애가요…… 어제요, 아니 그제요, 구치소에 잡혀갔어요! 그

◎　타이완 교도소에서 수형자들이 범죄 유형에 따라 자신을 평가하는 말이다. 보통 자기 평가가 가장 낮은 것이 성폭력범으로, '바나나'는 성폭력범의 특정 신체 부위에서 비롯한 말이다. — 옮긴이 덧붙임

래서 나오지도 못하고, 면담도 못 가고……."

"어떻게 된 일이에요? 우선 뚝, 울지 말고 천천히 말해 봐요. 그렇게 울먹이니 무슨 말인지 알아듣기가 어렵잖아요." 이삼 분쯤 기다리며 달래 주었습니다. "자, 코 풀고, 심호흡도 한번 하고, 이제 내 이야기를 찬찬히 들어 봐요. 자기가 너무 걱정돼요. 좀 있으면 출산 예정일인데, 그렇게 감정이 격해졌다가 무슨 일이라도 생기면 어떡해요?" 먼저 태아에게 특별한 이상은 느껴지지 않는지 조심스럽게 묻고, 지금 몸은 견딜 만한지 물었습니다. 그리고 자리에 앉으라고 한 다음, 무슨 일이 있었는지 차근차근 이야기해 보라고 했습니다.

여자친구가 울음을 그치고 메인 목소리로 대답했습니다. 청년은 공사장 벌이가 너무 적은 데다 여자친구 출산도 다가오자 어깨가 무거워졌습니다. 그래서 얼마 전 부두에 있는 친구들에게 연락해 '물건' 배송을 도왔습니다. 물론 헤로인이었지요. 결국 물건만 넘기고 미처 돈을 받기 전에 경찰이 집으로 들이닥쳤습니다. 청년은 저항하지도, 도망치지도 않았습니다. 나에게 전화해 달라는 말만 여자친구에게 남겼지요. 여자친구는 청년 말대로 하려 했지만, 막상 전화하려니 입이 떨어지지 않았습니다. 그렇게 하루하루 미루다가 마지막 면담 날이 되어서야 전화기를 집어 든 것이었습니다.

전화를 끊고 한참을 멍하니 있었습니다. 영혼이 빠져나간 것처럼 허탈했습니다. 얼마나 지났을까요. 머리가 겨우 돌아가기 시작하더니 온갖 의문이 머릿속을 가득 메웠습니다.

'일한다는 것도 거짓말이었을까? 여자친구랑 짜고 여태 나를 속인 걸까?'

'마약 밀매는 정말 최근에야 시작한 걸까, 아니면 진작부터 하고 있었던 걸까?'

'모든 전과를 담담하게 인정하고, 내 걱정까지 하고, 할머니도 돌보고, 여자친구의 아이도 자기가 거두겠다더니, 그게 다 가식이었던 걸까?'

'내가 너무 순진해서였을까, 아니면 이 친구가 어려서부터 단련한 연기력이 너무 뛰어나서 내가 속은 걸까? 하지만 소변 검사 결과도 다 정상이었는데, 그건 어떻게 설명하라고?'

'내가 너무 풀어 줬나? 아니면 너무 옥죄는 바람에 엇나갔나?'

답이 없는 문제라는 사실은 알고 있었습니다. 하지만

우울한 기분에서 벗어날 출구가 절실했습니다. 풀 죽은 모습으로 베테랑 선배를 찾아갔습니다. "보호관찰 기간 만료 사흘 전에 재범하면 어떡해요?" "푸하하하, 어떡하긴, 기간 만료 전 재범으로 종결이지. 사흘 전이면 양호하네! 난 기간 만료 당일에 체포된 대상자도 있었어!" 선배 언니의 웃음에 맥이 풀려서인지, 아니면 선배의 대상자가 더 안쓰러워서였는지는 모르겠지만, 저도 푸하하 웃음을 터뜨렸습니다. 웃음도 참을 수 없었고, 눈물도 자꾸만 흘러내렸습니다.

시작이 찬란하게 빛난다고 해서 끝도 완전무결하리라는 법은 없습니다. 그 반대도 마찬가지이고요. 첫인상은 언제나 현실의 허상을 가립니다. 보호관찰관 1년 차 시절이었지요.

6

들꽃

범죄학 교과서에 따르면 절대다수의 범죄자가 남성이라고 합니다. 세계 여러 나라의 교도소에도 남성 수형자가 여성 수형자보다 많다고 하지요.◎ 제 대상자도 열에 아홉이 남성입니다.◎2 사회 전체의 성별 비율과는 완전히 다르지요. 사정이 이렇다 보니 여성 대상자가 나타나면 모든 시선이 그쪽으로 쏠립니다. 대기실에 시커먼 남성들이 가득할 때 특히 그렇지요.

◎　범죄학자 하겐(Hagen)과 오브라이언(O'brien)이 각각 권력 통제이론을 제기하며, 성별과 범죄율은 가정 통제, 사회 계급, 사회 성별 비율의 영향을 받는다고 설명했다.

◎2　타이완 법무부 교정청 통계에 따르면, 타이완 여성 10만 명 중 43.8명, 남성 10만 명 중 448.1명이 교정 기관에 있다.

67

검은 머릿결을 길게 늘어뜨리고 몸매가 아름다운 여성이 하늘하늘한 자태로 면담을 하러 왼쪽에서 오른쪽으로 걸어갑니다. 호색한들이 눈을 휘둥그레 뜨고 침을 질질 흘립니다. 고개가 왼쪽에서 오른쪽으로 돌아가더니 눈길이 뒷모습에 그대로 꽂힙니다. 여성이 제 면담실로 들어오자 훔쳐보려고 괜스레 면담실 입구를 지나가는 척합니다. 하도 신경이 쓰여 규정을 설명하다가, 면담 끝나고 갈 때 번호를 묻거나 말을 걸거나 밥을 먹자는 사람이 있을지 모르니 조심하라고 대상자에게 일렀습니다.

오지랖 넓은 당부를 샤오화는 별로 신경 쓰지 않고 목선을 따라 머릿결을 쓸어 넘기며 심드렁하게 웃었습니다. 높이 꼬고 있던 긴 다리를 풀더니 반대로 꼬았습니다. 아무것도 드러나지 않았고 보면 안 되는 곳을 본 것도 아니었지만, 어쩐지 샤오화의 그 몸짓에 뽀얀 다리가 요염해 보였습니다. 여성인 제가 봐도 매력적이라, 갓 출소해 돼지처럼 침을 흘리는 남성 대상자들을 탓할 수가 없었습니다…….

솔직히 그리 예쁜 얼굴은 아니었습니다. 민낯으로는 '지나가는 사람 1'이나 다름없었습니다. 가석방 기간이 길어지면서 화장도 하고 속눈썹도 붙이면서 점점 예뻐졌지만 그래도 '화장발'일 뿐이었습니다. 하지만 사람을 끄는 면이 있는 데다 무척 여성스럽고 동정심을 불러일으켰습니다. 그래서인지 면담할 때마다 데려오는 남자가 바뀌었습니다. 나중에는 저도 묻기를 그만두었습니다. 이 사람도 남자친구예요? 지난번에도 같은 남자였던가요?

제가 묻지 않아도 샤오화가 말하기를 좋아했습니다. 면담을 시작할 때마다 달콤한 목소리로 끝을 길게 잡아끌며 "선생니임~!"하고 불렀습니다. 아무 말이나 늘어놓거나 앞뒤가 안 맞는 말을 하기도 하고, 남자친구를 원망하는가 하면 대놓고 애정 행각을 펼치기도 했습니다. 늘 집에 가기 싫은 기색을 내비쳐서 마지막 절차인 소변 검사를 하라고 떠밀어야 했습니다. 샤오화가 나타나면 다른 대상자들이 줄을 서기 일쑤였습니다. 샤오화가 이야기를 시작하면 마침표를 찍을 줄 몰라 다음 순서가 밀리는 데다, 그 잠재적인 구애자들이 면담을 마치고도 면담실 앞을 서성거리며 샤오화를 기다렸습니다. 골치가 아팠지요……. 샤오화를 나무라면 순진무구하고 사랑스러운 표정으로 커다란 눈망울을 반짝이며 진지하게 말했습니다. "선생니임, 저는 선생님이랑 이야기하는 게 좋아요. 선생님은 제 베프예요. 선생님보다 더 소중한 사람은 없다고요!"

그런 말이 유흥업소 종업원 출신의 '립 서비스'라는 것은 알지만, 그렇게 애교를 부릴 때면 도저히 화를 낼 수 없었습니다. 게다가 아무 말이나 거침없이 내뱉는 덕에 저의 화류계에 관한 부족한 지식과 호기심을 한껏 채워 주었습니다.

"선생니임, 있잖아요, 임페리얼 클럽 언니들 드레스는 제가 입어도 이뻐서 오후 티 댄스 타임부터 손님이 붙거든요! 그러면 팁도 짭짤하게 받아요!"

"선생니임, 있잖아요, 제가 마약 테이블에 앉았거든요! 그니까 거기서 마약을 시작한 거예요. 그전까진 맨날 술에 취해서 해롱해롱했거든요. 근데 약을 하니까 술도 안 취하고 끝내주더라고요!"

"어머나, 선생님은 손님처럼 암것도 모르시면 안 되죠. 다들 어쩔 수 없이 호스티스 일 하는 건 줄 알잖아요. 근데 아니거든요. 돈 없는 건 맞는데요, 사고 싶은 게 많아서 그런 거예요! 가방이든 이쁜 옷이든 다 사고 싶거든요. 근데 당연히 손님한테 그렇게 말할 순 없으니까 뻥을 치는 거죠! 집에 갚아야 할 빚이 있다고 한 거, 사실은 다 제 카드 값이에요! 집에 쌓인 빚도 몽땅 제가 진 거랍니다!"

"아이, 참, 선생니임, 있잖아요, 저축하라고 하지 마세요. 저희는 다 현금으로 받는데 어떻게 저축을 해요. 일을 안 나가면 돈을 못 받으니까 일단 나가야 돼요. 진짜 모자라면 매니저한테 빌리면 되고요. 걔들은 독촉도 안 하거든요! 나중에 일 나가면 일당 줄 때 받을 돈 떼어 가니까요. 어차피 처음에는 다들 S◎3 안 해도 된다고 하는데, 결국 다 똑같이 하더라고요. 저도 처음에는 손님한테 S 안 한다고 했어요!"

"선생니임, 있잖아요, 남자는 벗기면 다 똑같아요! 한 타임에 15분인데 오래가는 남자 하나도 없어요. 약 빤 애들은 좀 다른데, 일단 서지도 않고요! 서다 말든가 아니면 못 싸요. 그래서 진짜 짜증난다니까요. 시간 뺏기면서 2차 나갔는데 돈도 얼른 안 주고 풀 서비스 뛴 값을 주는 것도 아니니 완전 손해예요!"

너무 직설적이고 노골적이라 듣는 사람이 민망할 지경이었습니다. 샤오화가 그칠 줄 모르니 슬슬 걱정스러워졌습니다. 제 주의를 돌리려고 없는 이야기를 뻥튀기한 것일까요? 더 이상한 점은, 말로는 술집·클럽·보도방 같은 곳에 절대 다시 간 적 없다고 하는데, 면담을 거듭할수록 기운을 못 차릴 때가 많아진다는 것이었습니다. 늘 애교 넘치는 웃음을 띠었지만 아무래도 수면이 부족해 보였습니다.

결국 의심스러운 정황이 나타났습니다. 샤오화의 몸

◎3 타이완 유흥업계에서 성매매를 이르는 은어이다.

과 출석 면담 신고서에서 묘한 냄새가 났습니다. 탈취제·알코올·향수·담배 그리고 뭐라 표현하기 어려운 찝찝한 냄새가 섞여 있었습니다. 사람을 곤혹스럽게 하는 이 혼잡한 냄새는 갈수록 화사해지는 샤오화를 엷은 회색빛 안개처럼 휘감고 있었습니다. 남다른 후각을 타고나긴 했지만 이상한 냄새를 조금 맡았다고 해서 샤오화를 함부로 의심할 수는 없었습니다. 다른 사람이라면 신고서에 담배 냄새가 심하게 배었나 보다 하고 넘어갈지도 모를 일이었습니다. 하지만 사냥개가 냄새를 맡고 사냥감을 추적하듯 개코 보호관찰관에게도 다 방법이 있지요…….

　샤오화의 집은 타이완 남부의 지극히 평범한 단독주택이었습니다. 대단한 부잣집이거나 찢어지게 가난한 집은 아니었지요. 집에는 방이 무척 많았습니다. 샤오화의 방은 판자로 가벽을 쳐서 해가 잘 들지 않았지만 굉장히 넓고 물건도 가득했습니다. 옷·신발·가방 따위가 가득하고 갖가지 봉제 인형이 넘쳐났습니다. 헬로키티·스누피·위니베어·고래·돌고래·고양이·강아지·낯익은 인형·낯선 인형·새 인형·헌 인형·비닐 포장도 안 뜯은 인형·원래 무슨 색이었는지 가늠조차 안 될 만큼 바랜 인형·어른 키보다 큰 인형·책상에 올려놓는 미니 인형까지, 없는 것 빼고는

다 있었습니다.

샤오화의 부모님은 일찍 이혼했습니다. 그래도 아버지·할머니·할아버지에게 듬뿍 사랑받는 환경에서 자랐습니다. 무엇보다 고모가 샤오화를 친자식처럼 여긴다는 사실이 감동적이었습니다. 고모는 저를 보자마자 눈물을 흘리며 제 두 손을 격하게 붙잡았습니다. "감사합니다, 선생님, 정말 감사합니다. 샤오화가 늘 선생님 이야기를 미주알고주알 늘어놓는답니다. 어릴 적에 학교 가기를 싫어해서, 중학교는 가고 싶을 때만 가더니 직업고등학교는 졸업도 못 했거든요. 그런데 선생님을 저렇게나 따르잖아요. 선생님을 저렇게 존경해 본 적이 없는 아이예요. 선생님은 우리 샤오화의 은인이셔요……."

고모에게 면담 태도를 이야기하니 놀라는 눈치였습니다. 가족에게는 일 이야기를 한 번도 한 적이 없다고요. 가족들도 8대 업종에서 일한다는 사실, 매일 밤늦게 나가서 아침에 들어온다는 사실은 알지만, 자세한 이야기는 들은 적도 없고 물어도 알려 주려 하지 않는다고 했습니다. 고모는 목이 메어 말문이 막혔다가, 한참 만에 휴지로 주름진 눈가를 찍으며 말했습니다. 샤오화가 진심으로 선생님을 믿고 좋아하는 모양이에요…….

고모가 얼마나 씁쓸할지 이해했습니다. 애써 키운 자신에게는 아무것도 알려 주지 않더니 남에게는 모두 털어놓다니요? 하지만 적어도 아이가 법률이나 사회 가치를 상징하는 대상에게 속내를 털어놓기를 바라고, 보호관찰관의 보살핌이 더해진 것은 어쨌든 좋은 일이라는 사실도 알았습니다. 그런데 고모의 이야기 가운데 '매일 밤늦게 나가서 아침에 들어온다'는 한 마디가 제 머릿속을 맴돌았습니다. 몇 시부터 몇 시까지 말씀이시죠? 고모가 주저 없이 말했습니다. "가석방된 지 얼마 안 돼서 또 나가던걸요! 선생님께 다시는 약에 손대지 않겠다고 다짐했더니, 선생님도 다시 일 나가지 말라는 말씀은 딱히 안 하셨다고 했답니다!"

　　저는 파랗게 질렸습니다. 맹세코, 저는 8대 업종을 나쁘게 보지도 않고, 샤오화든 누구든 8대 업종에서 일하는 것을 반대하지도 않습니다. 하지만 샤오화가 일을 다시 시작하면서도 저에게는 거짓말을 했다는 사실이 가장 낭패였습니다! 고모는 난처해하고, 저는 그런 고모를 안심시키는 수밖에 없었습니다. 원래 대상자가 집에서 하는 말과 밖에서 하는 행동이 다른 경우가 많으니 별일 아니라고요. 고모는 애써 수습했습니다. 틀림없이 선생님이 화내실까 봐 무서워서 말을 못 꺼냈을 거예요.

어느 철학자였던가요, 이런 말을 했다지요. 거짓말을 한 번 하면 무수한 거짓말로 그 거짓을 덮어야 한다. 하지만 언젠가는 반드시 들통나기 마련이다. 거짓말이라는 연쇄 폭탄은 언제나 연쇄 폭발을 일으켜 비극으로 끝난다. 이튿날 아침, 샤오화가 울면서 전화했습니다. 죄송하다고, 뉘우친다고요. 하지만 이미 알고 있었습니다. 샤오화와 헤어질 날이 머지않았다는 사실을요. 며칠 뒤 소변 검사에서 양성 반응이 나왔습니다. 하필 그날은 돌아가는 길에도 불심검문에 걸렸는데, 소변 검사에 응하려 하지 않았습니다. 시간을 끌어 보았지만 역시 양성이었지요. 또 접촉 사고를 내 경찰 조사를 받거나, 차에서 암페타민과 카페인을 적발당하기도 했습니다. 며칠 사이 눈사태처럼 겹친 액운은, 그릇된 생각으로 불법 행위를 저질렀으니 마땅히 삼켜야 하는 씁쓸한 열매일 따름입니다.

샤오화 스스로도 언젠가 가석방이 취소될 것을 잘 알았습니다. 그래도 처음의 사랑스러움을 끝까지 잃지 않고 작별 인사를 하러 왔습니다. 웃다가 울고 사과하다가 감사 인사를 하면서 저의 휴지 절반을 다 쓰더니, 남은 절반을 품에 꼭 끌어안으며 다음에 새것을 사 와 갚겠다고 했습니다.

저는 웃는 얼굴로 손을 저으며 됐다고 했습니다. 마약을 하는 사람의 다짐은 신빙성이 없어서 '다음'이 몇 년 몇 월 며칠이 될지 기약이 없거든요.

　　사랑스러우면서도 혐오스럽고 안타까우면서도 얄미운 샤오화를 지켜보며 만감이 교차했습니다. 이처럼 사랑스러운 젊은 여성이 그처럼 혐오스러운 마약으로 자신을 불쌍하고 꺼림직한 사람으로 만들다니요. 샤오화를 구하는 방법은 샤오화가 가장 싫어하는 방법이었습니다. 조금이라도 일찍 가석방을 취소해서 철창과 시멘트 바닥으로 둘러싸인 교도소로 보내, 마약의 폭풍우가 그 작은 꽃을 계속 건드리지 못하게 막는 것이었지요…….

날개 접은 나비

각 지검의 보호관찰관 면담실 구조는 비슷합니다. 복도에 들어가면 대기 구역이 보이는데, 보통 탁자와 의자가 잔뜩 놓여 있어 대상자가 서류를 작성하거나 계도 영상을 보거나 바람을 쐬며 복잡한 마음을 달래기도 합니다. 그러다 자기 번호가 불리면 담당 보호관찰관의 면담실로 들어가 면담을 합니다.

저에게 면담실은 전쟁터이자 병원이자 학교입니다. 대상자에게 면담실은 형장이자 병실이자 쓰레기장이고,

저는 감정의 쓰레기를 받아 주는 대상이지요……. 그래서 저는 면담실을 중요시합니다. 면담실의 환경은 반드시 조용하고 깨끗하고 환기가 잘 되면서 방해를 받지 않아야 합니다. 마음을 편안하게 하는 아로마향도 은은하게 퍼뜨립니다.

하지만 더 주의를 기울이는 곳은 대기 구역입니다. 대기 구역을 지나 면담실로 갈 때면 무심한 척하면서 대상자들의 모습을 살핍니다. 대기 구역에서 서로 교류하는 모습이 면담실에서 이야기하는 모습보다 훨씬 진실하기 때문입니다. 평소에 아무와도 연락하지 않는다던 대상자가 대기 구역에서는 '사람과 사람 사이의 교류'를 하느라 바쁩니다. 다른 유형의 범죄를 저지른 대상자와 말을 섞고 전화번호를 주고받고 메신저에 상대의 아이디를 추가합니다. 보호관찰관 앞에서는 예의 바르게 "네, 감사합니다, 죄송합니다" 하던 대상자가 대기 구역에서는 온갖 육두문자를 맛깔나게 날립니다. 언제나 순한 양 같던 대상자가 다른 대상자에게 소리높여 보호관찰관 뒷담화를 합니다!

어느 날, 아리따운 젊은 여성이 제 눈길을 사로잡았습니다. 커다란 눈망울에 갈색 피부, 전혀 꾸미지 않은 민낯. 일부러 몸매를 숨기려 평범한 청바지에 반팔 티셔츠만 대충 걸쳤는데도 비율이 상당히 좋아 보입니다. 키가 큰 편은 아니었지만 몸매나 얼굴이나 존재감을 감출 수 없을 정도였습니다. 여성은 제 눈길을 알아채지 못했습니다. 그 커다란 눈망울을 자기 분수도 모르는 남성 대상자를 향해 사납게 부라리고 있었거든요. 그 호색한이 무안해져 먼 산을 바라보고 나서야 여성도 성난 눈길을 거두었습니다.

검찰청에서 함부로 눈을 굴렸으니 그 호색한은 당해도 싸다 싶어 저는 슬그머니 웃었습니다. 이 눈 큰 아가씨는 어떤 범죄를 저질렀을까? 야무진 성격을 보니 만만치 않겠는데……. 번호 순서대로 하나하나 면담하다 오전 열한 시가 넘어 기진맥진할 때쯤 눈 큰 아가씨, 다옌메이가 들어왔습니다……. 멋대로 다옌메이를 훔쳐보고 아무렇게나 생각한 업보였을까요?

다옌메이는 조금 성가셔했지만 규정은 그럭저럭 지켰습니다. 해야 할 절차도 억지로나마 다 했습니다. 서류를 작성하며 자꾸 다리를 떨더니 고개를 들고 물었습니다. "선생님, 담배 피워도 돼요? 저 진짜, 진짜, 지인짜 피우고 싶은데." "진짜, 진짜, 지인짜 피우면 안 돼요. 면담실이 아니라 검찰청 건물 안 어디서도 담배는 피우면 안 돼요. 정 피우고 싶으면 밖에 나가서 피우고, 다시 줄 서서 다른 대상자 면담 끝난 뒤에 와요! 그것도 싫으면, 아쉬운 대로 볼펜이라도 담배 대용으로 삼을래요?"

다옌메이는 어이가 없다는 표정이었습니다. 그러더니 웃음을 터뜨리며 볼펜을 입에 물었습니다. 손짓과 자세가 영락없는 골초였습니다. 이렇게 젊은 여성이 어쩌다 골초가 되었을까요? 작성한 서류를 받아 보니 직업란을 숨김없이 채웠습니다. "직장: 파리나이트클럽. 직함: 호스티스."

규정을 안내하고 나니 열두 시가 다 되었습니다. 마무리 멘트를 합니다. "클럽에서 안전에 유의하시고, 일할 때 콘돔 꼭 챙기세요. 술 마시면 자동차든 오토바이든 절대 운전하지 말고요. 매니저가 데려다 줄 상황이 아니면 웨이터한테 택시라도 불러 달라고 해요. 오늘은 여기까지입니다. 가셔도 됩니다." 다옌메이가 계속 볼펜을 오물거리며 무어라 형용하기 어려운 표정을 짓더니 슬리퍼 같은 플랫 샌들을 질질 끌며 나갔습니다.

면담을 몇 번 하더니, 다옌메이는 한 번 앉으면 일어나기 싫어하는 대상자가 되었습니다. 호스티스의 희로애락, 자잘한 연애사, 심지어 자신과 친구, 손님의 마약 복용 이력까지 미주알고주알 털어놓아 저를 고뇌에 빠뜨렸습니다. 언제나 제발 그만 집에 가라고 한참을 재촉해야 일어났습니다. 그러고도 면담실 문 앞에 서서 계속 이야기를 하고 또하고 자꾸 해 댔습니다. 다음 면담 대상자가 밖에서 기다리는데도요.

기회를 봐서 가족에 관해 물으니 평소답지 않게 고개를 푹 숙이더니 한참 만에 고개를 들며 낮은 목소리로 말했습니다. "선생님, 말하고 싶은데 지금은 못 하겠어요." 매듭짓지 못한 무언가가 남은 듯한 표정이기에 빈 종이 두 장을 주었습니다. "집에 가서 천천히 써요.◎ 다음에 가져오면 자세히 읽어 볼게요." 다엔메이가 종이를 한참 내려다보다 고개를 들었습니다. "후우……. 선생님, 두 장으로는 앞뒤를 꽉 채워도 모자랄 거예요……."

다음 면담 때 다엔메이는 말없이 종이를 내밀었습니다. 앞뒤 모두 빈틈없이 빽빽하게 채운 종이가 모두 네 장이었습니다. 문단을 나누지도 않았고, 여백이 조금도 없었습니다.

다엔메이는 부모가 이혼한 뒤 엄마와 함께 외가에서 살았습니다. 아빠는 양육비만 보낼 뿐 거의 관심을 가지거나 보살펴 주지 않았습니다. 외가는 시골에 있었고 형편도

◎　이야기 치료(Narrative Therapy)란 포스트모던 심리학의 상담 지도 학파 가운데 하나이다. 당사자가 자기 삶의 이야기를 구성하는 주인이자 전문가임을 강조한다. 글이나 말로 드러나는 이야기의 힘을 믿고, 당사자가 글이나 말로 풀어내는 이야기를 바탕으로 이야기 속에 생략되거나 숨겨진 중요한 사건 또는 자아의 상태를 이해하여, 당사자 스스로 과거와 현재를 아울러 정리하고 평생의 경험을 재구성하여 의미를 부여하도록 돕는다.

넉넉하지 않았지만 그런 것은 괜찮았습니다. 정말로 힘들어진 것은 엄마의 새 남자친구가 자매를 데리고 번화한 시내로 이사한 뒤부터였습니다…….

엄마와 동거하는 그 아저씨는 이론상 새아빠였지만 실제로는 악마였습니다. 엄마가 마약에 취해 인사불성이 되기만 하면 아저씨는 깊이 잠든 다옌메이의 방으로 슬그머니 들어와 다옌메이의 아직 자라지 않은 가슴을 더듬거나, 심지어 하체에 음란한 짓을 하기도 했습니다. 처음에는 너무 어려서 무슨 일이 일어났는지도 몰랐습니다. 매번 잠에서 깨어 아저씨가 자기 몸을 누르고 있는 것을 보아도 그저 무겁다고만 생각했습니다. 초등학교 고학년이 되고 조금씩 소녀티가 나기 시작하자 더 이상했습니다. 왜 엄마가 집을 비우기만 하면 방으로 불러들여 여기저기 만지는 거지? 심지어 걸핏하면 입을 맞추려 해서 아저씨를 밀쳤더니 버럭 소리를 지르고 손찌검까지 했습니다. 그다음부터는 온갖 구실을 대며 못살게 굴고 때리기를 밥 먹듯이 했습니다.

한집에 살면서 세 식구를 먹여 살리는 사람은 아저씨였습니다. 다옌메이가 아무리 도망치고 숨어도, 아저씨가 다가왔을 때 발로 차서 밀어내거나 때리거나 발버둥을 쳐도, 아저씨는 결국 어떻게든 틈을 노려 마수를 뻗었습니다. 엄마에게 울며 하소연하면 오히려 거짓말한다고 욕만 한 바가지 얻어먹었습니다. 동생마저 아저씨에게 당해 엄마에게 도움을 청했습니다. 엄마는 오히려 딸 둘이 거짓말만 늘어놓고 말도 안 듣는다며 차라리 둘 다 쫓아내겠다고 위협했습니다! 그래서 다엔메이는 집을 나왔습니다. 중학교도 졸업하지 않은 소녀가 합법적으로 일할 곳은 없었습니다. 빈랑 노점에서 심부름을 하고 카페에서 쉬엄쉬엄 알바를 하다 유흥업소 접대 일을 소개받았습니다.

아무것도 할 줄 모르지만 젊고 아름다우니 초이스 확률이 높았습니다. 아저씨 또래 남성들이 아저씨와 마찬가지로 침을 흘리며 더러운 손으로 가슴을 더듬고 주무를 때마다 한이 맺혔습니다! 아저씨, 고객, 그 나이를 먹어서까지 자신에게 마수를 뻗는 모든 파렴치한이 혐오스러웠습니다. 그런 남성들에게 굽신거리고 아양을 떨고 허리띠를 풀고 옷을 벗어야 하는 자신은 더욱 혐오스러웠습니다…….가장 미운 사람은 엄마였습니다. 왜 나를 믿지 않았지? 왜 지켜 주지 않았느냐고!

그때는 마약 하는 엄마를 이해하지 못했습니다. 마약에 대한 갈구는 진작에 모성을 덮었습니다. 엄마에게 가장 중요한 것은 마약 공급처였습니다. 자신이 낳은 딸이 자기 남자친구에게 진짜 성폭력을 당했느냐는 그다지 중요하지 않았습니다. 오히려 남자친구를 곁에 둘 수 있다면 꽤 괜찮은 거래 아닌가, 별로 손해볼 건 없으니까, 어차피 딸도 언젠가 남 쓰라고 줘야 할 테고, 별일도 아니니 상관없지 않나……라고 여겼습니다. 그러니 딸에게 하소연을 들어도 남자친구 기분 상할 걱정뿐이었습니다.

그래서 다옌메이는 아저씨 같은 고객을 혐오하고 자기 몸을 지키고 싶어 하면서도, 몸을 팔아야만 돈을 벌어 먹고살 수밖에 없는 처지가 되었습니다. 자기 보호 본능과 사회적 생존 본능이 서로 부딪히며 자신을 끌어당길 때마다 자존감도 갈가리 찢어졌습니다.

비로소 알 것 같았습니다. 어째서 면담할 때마다 밤일할 때의 화려하고 눈부신 차림이 아니라 오롯이 민낯으로 수수하게 나타나는지를요. 언젠가 숲에서 본 '에우플로이아'Euploea라는 나비가 떠올랐습니다. 유플로이아가 날개를 접으면 누렇게 마른 나뭇잎처럼 보입니다. 가만히 있으면 아무도 눈길을 주지 않지요. 하지만 날개를 펴고 나는 순간 검은빛과 보랏빛, 금빛이 어우러져 반짝입니다. 마치 다이아몬드가 가득 박힌 검은 벨벳처럼 요염한 그 모습은 잊을 수 없을 만큼 화려하지요. 다옌메이가 그처럼 성격이 사납고, 사람을 노려보는 것은 장미에게 가시가 필요한 것과 같은 이치입니다.

에우플로이아는 무척 연약합니다. 비바람이 들지 않는 깊은 산골, 맑은 물이 흐르고 밀원식물이 자라는 깨끗한 곳에서만 서식할 수 있습니다. 다옌메이는 비바람을 가려 줄 부모, 안전한 거주지가 없었습니다. 마약의 오염과 알코올의 세례만 가득했습니다. 유흥업소만이 합법적인 고용 연령·학력·능력을 따지지 않고 일할 수 있는 곳이었습니다. 마음이 아렸습니다. 외롭고 날개를 접은 에우플로이아처럼 자신이 발붙일 데 없는 도시에서 아름다운 날갯짓을 꿈꿔 냈지만, 실제로는 엄마처럼 마약과 알코올로 자신을 마비시켰습니다.

다옌메이가 다시 마약에 손댔을 때 저는 놀라지 않았습니다. 그렇다고 해서 그 비극에서 받은 슬픔이 적지는 않았습니다. 다옌메이가 처음으로 제 앞에서 눈물을 보였습니다. "선생님, 다시 마약에 손댄 제가 혐오스러워요. 하지만 마약을 하면 괴로운 일을 모두 잊을 수 있어요. 그냥 전부 잊고 싶을 뿐이라고요!"

"자기가 이야기한 그 모든 것들 덕분에 강해진 거예

요. 이렇게 나를 만나러 올 수도 있는 거고. 나까지 잊고 싶어요?"

"안 돼요, 절대 안 돼요! 선생님은 결코 잊을 수 없어요. 세상에서 진심으로 저를 챙기고 제 이야기를 들어 주는 사람은 선생님뿐이에요. 그 사람을 고소하라는 말씀을 듣지 않는 건, 고소하려면 지난 일을 또 떠올려야 하는데 그게 싫어서예요. 선생님은 정말 잊고 싶지 않아요."

"그렇담 마약에 기대 전부 잊으면 안 되겠네요. 잊고 싶지 않은 일도 많으니까요. 마약을 끊는 게 더 나은 선택 아닐까요?"

"끊고 싶죠! 정말 끊고 싶어요. 그 마약 딜러가 너무 원망스러워요! 그 사람이 경찰에 잡혀갔으면 좋겠어요! 그럼 저한테 마약 팔 사람도 없어지잖아요!"

"그럼 선생님이 도와줄게요. 익명 신고를 처리해 줄 검사가 있는지 알아볼게요. 신고해서 그 사람이 잡히면 마약을 끊어요. 어때요?"

"제가 어디 사는지 아는 사람이라 무서워요……."

"겁내지 마요. 검사가 익명을 보장할 거예요. 정 두려우면 선생님도 함께 있어 줄게요. 법정에는 함께 들어가지 못하게 하더라도 검사와 이야기가 끝날 때까지 밖에서 기

86

다릴게요."

"선생님, 저랑 함께해 주실 거죠?"

"당연하죠!"

백방으로 뛰어 도와줄 검사를 찾았습니다. 검사도 고소장 작성에 동의하며 다옌메이의 신분을 드러내지 않겠다고 했습니다. 하지만 저는 다옌메이에게 바람을 맞았습니다. 다옌메이는 다시 나타나지 않았습니다. 증발한 것처럼 사라졌습니다. 전화는 안 받고, 주소지는 셋집이었고, 호적지로 돌아가지도 않았습니다. 본인도, 급히 연락할 사람도 찾을 수 없었습니다.

다옌메이는 규정에 따라 가석방을 취소해야 하는 대상자입니다. 제 기억 속에는 지워야 하는 상처로 남았습니다. 불행하게도, 십 년 넘는 세월 동안 왜 걸핏하면 다옌메이가 떠오르는지 모르겠습니다. '마약은 피해자 없는 범죄'◎2라는 말을 들을 때마다, '가정 내 성폭력'◎3 사례에서

◎2　범죄학자 휴고 애덤 베다우(Hugo Adam Bedau)는 피해자 없는 범죄의 특성 네 가지를 제기했다. ① 범죄에 관련된 사람이 모두 그 범죄 행위를 원함. ② 범죄에 관련된 사람이 모두 법에 호소하기를 원하지 않음. ③ 범죄에 관련된 사람이 모두 자신은 피해받지 않았다고 여김. ④ 범죄가 거래의 본질을 갖춤.

◎3　가정 내 성폭력(Intra-familial sexual abuse)을 타이완에서는 흔히 '근친상간'이라 뭉뚱그려 부른다. 가정 구성원 사이에 발생하는 성행위, 성희롱, 타인을 협박해 성행위를 목격하게 하는 것, 음란물을 관람시키거나 나체를 촬영하도록 시키는 것 등을 이른다. 타이완 내 정부 산하 '가정 폭력 및 성범죄 방지 위원회'의 통계에 따르면, 가정 내 성폭력 사건은 전체 성폭력 사건 가운데 15퍼센트를 차지한다.

가까운 여성 가족에게조차 범죄를 부정당하는 대상자를 만날 때마다, 누군가 '성폭력이 별일도 아닌데 그렇게 무겁게 판결해야 하느냐'고 말할 때마다, 다엔메이가 떠오릅니다.

다엔메이가 어디로 갔는지 차마 묻고 싶지도, 알고 싶지도, 찾고 싶지도 않습니다. 어디에 있든 날개를 접은 에우플로이아가 다시 나풀나풀 날 수 있기만을, 오직 바랍니다.

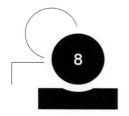

선한 늑대 인간

8

최종 학력 박사, 타이완 일류 공립 대학교 졸업, 해외 유학파, 키 175센티미터, 점잖은 외모, 문신 없는 피부. 경력은 학원 강사, 학교 겸임 교사, 대기업 중간 관리자. 인생의 승리자입니다.

아름다운 아내 하나, 아들 둘.

그리고 동거녀 하나.

그리고 여자친구 하나.

그리고 동거녀의 친구를 성폭행······.

선한 사람인 줄 알았더니, 자료를 한 장 한 장 넘길수록 인간의 탈 속에서 늑대가 모습을 드러냅니다.

타이완 교도소에서는 성범죄자에게 심리 치료를 시행합니다. 심리 치료사의 상담 기록은 모두 긍정적이었습니다. 대상자는 자기의 학력·경력·해외 유학 경험을 줄줄이 늘어놓았습니다. 영국 옥스퍼드 대학에서 박사를 취득하고 미국으로 유학을 다녀와 대기업에서 중간 관리자로 일했다고요. 예전 여자친구들·혼외정사·성관계 등에 관해, 몇 다리를 걸쳤는지까지도 거리낌 없이 인정했습니다. 단, 성범죄만큼은 저지른 적이 없다고 잡아뗐습니다!

그런데 어쩐지 이상했습니다. 나이·유학 기간·취업 시기를 이리저리 계산해 보았지만 좀처럼 들어맞지 않았습니다. 공부를 잘해서 월반을 했나? 박사를 따려면 사오 년은 걸릴 텐데? 어떻게 그렇게 빨리 귀국해서 취업했지? 국내 대학에서의 전공이랑 유학 시절 전공이 완전히 다른데, 분야를 넘나드는 천재도 있다지만 아무리 그래도 그렇지 그 나이에 그걸 다 마치고 금의환향했다고?

첫 면담이라 그런지 대상자는 퍽 예의 바르고 협조적이었습니다. 저는 상당히 의심스러웠지만 티 내지 않으려 조심했습니다. 대상자는 보호관찰 신고 절차에 따라 묻는 말에 꼬박꼬박 대답했습니다. 제가 갑자기 영어로 영국 어디에 살았는지, 특기는 무엇인지 묻기 전까지는요. 대상자는 얼음이 되었습니다. 전혀 알아듣지 못한 눈치였지요. 그러더니 무안함을 숨기려는 듯 둘러댔습니다. "교도소에서 오래 지내다 보니 영어로 말할 사람이 없었습니다. 다들 영어를 못하니 제 수준도 떨어지더군요!"

제 생각이지만, 영국에서 박사를 딸 정도면 욕도 영어로 하고 꿈도 영어로 꿀 것 같거든요. 영 받아들이기 어려운 변명이었지만 뭐 상관없죠. 저는 타이완어로 질문을 이었습니다. 타이완 회사에서 중간 관리자로 무슨 일을 했죠? 교육이랬다가, 영업이랬다가, 또 사장 비서라고 합니다. 그럼 근무지는 어디였죠? 이번에도 대답이 오락가락합니다. 타이베이랬다가, 타이중이랬다가, 또 가오슝이라고도 합니다.

무슨 말에도 대꾸하지 않고 서류철을 탁 덮었습니다. 책상만 안 내려쳤을 뿐이죠. 한참을 잠자코 있다가, 저는 지을 수 있는 가장 섬뜩한 표정으로 그의 떨리는 눈동자와 불안한 표정을 응시했습니다. 그리고 온 힘을 단전으로 끌어모아 목소리를 바닥까지 깔았습니다. "전자 발찌 착용하겠습니다! 야간 외출 제한합니다! 정기적으로 관할 검찰청에 신고하세요. 보호관찰 출석 지도 강화합니다. 모든 지도 감독 명령을 철저히 준수하세요. 단 하나만 위반해도 즉시 가석방 취소하고 감옥으로 돌려보낼 겁니다!" 대상자는 재까닥 대답합니다. 네, 네, 선생님, 반드시 모든 규정을 준수하겠습니다.

하지만 제 발이 문턱을 넘기도 전에, 등 뒤로 과장된 한숨 소리와 발을 쿵쿵 구르는 소리가 들렸습니다. 곧 대상자 어머니의 전화를 받았습니다. 선생님, 부탁입니다, 전자 발찌는 안 차면 안 될까요, 규정 좀 풀어 주시면 안 될까요, 너무 엄하게 잡지는 마셨으면……. 모든 규정과 그 적용 사유를 차근차근 안내하자 흥분이 가라앉은 듯 받아들이며 아들을 잘 타일러 보겠다며 전화를 끊었습니다. 수화기 너머로 익숙한 한숨 소리가 들린 듯했습니다.

갓 출소한 성인 남성이라면 으레 돈을 모으려고 서둘러 일자리를 찾기 마련입니다. 그래야 경제적으로 독립할 수 있고 마음도 다잡을 수 있기 때문이지요. 하지만 이번 대상자는 일할 생각이 전혀 없었습니다. 전 직장으로 돌아갈 생각도 없고, 다른 재주도 없고, 앞으로의 계획도 없었습니다. 어째서 예전 동료에게 연락해 다시 일을 시작하지 않느냐고 대놓고 묻는데도 구렁이 담 넘어가듯 얼렁뚱땅 웃어

넘겼습니다. "연락한 지 오래돼서요......"

더 이상한 것은, 이혼한 배우자에게야 관심이 없다손 치더라도, 교도소에 그렇게 오래 있었으면서 두 아들에게조차 연락하거나 찾아갈 생각이 없다는 점이었습니다. 왜죠? 어깨를 으쓱하며 웃어넘깁니다. "그냥 내키지 않으니까......" 자식은 생사조차 궁금해하지 않으면서 여자는 금세 찾았습니다. 두 사람은 이내 연인이 되었습니다. 새 여자친구는 조건이 모자라지도, 달리 연애할 사람이 없지도 않았습니다. 직업은 은행원이고 외모는 볼수록 매력적인데다, 대상자의 성범죄 전과도 알았습니다. 어째서 그런 사람과 사귀고 싶어 하는지 정말 이해할 수 없더군요.

성범죄자라 전자 발찌를 착용하고 야간 외출을 제한받았기 때문에, 매일 저녁 열 시면 얌전히 집에 있어야 했고, 다음날 아침 여섯 시가 넘어야 밖에 나갈 수 있었습니다. 타이완 북부에서 일하는 여자친구는 대상자를 위해 타이완 남부로 전근을 신청했습니다. 다만 바로 발령이 나는 게 아니다 보니 금요일 저녁에 고속전철로 대상자네 집으로 달려왔다가 일요일 저녁에 다시 고속전철을 타고 타이베이로 돌아갈 수밖에 없었습니다. 전자 발찌 이동 경로를 조회하니 기차역·식당·카페, 심지어 리조트까지 나왔습니다. 얼마나 한가롭게 사는지, 숨 돌릴 틈도 없이 바쁜 보호관찰관하고는 비교가 안 될 지경이었습니다. 그중에서도 압권은, 직업도 수입도 없는 사람이 돈만 쓰면 무조건 여자친구의 가족 신용카드를 긁는다는 사실이었습니다! 평생 가족 카드 하나 긁으라고 만들어 주는 이 없던 제가, 이 양반 덕분에 새로운 세상에 눈을 떴습니다.

집에서도 어찌나 편하게 지내는지 부러워서 배가 아플 정도였습니다. 대출금 한 푼 없이 어머니 명의로 된 고급 아파트에서 유유자적했습니다. 아침이면 그라인더로 원두를 갈아 커피를 마시고, 고풍스럽고 반들반들한 화리목花梨木 의자에 앉아 정교한 대리석 차탁에 두 다리를 꼬아 올린 채 신문을 봅니다. 그 옆에는 고급 안마 의자도 있습니다. 제가 전자 발찌를 점검하러 주거지를 방문했을 때 대상자가 막 커피를 마신 뒤라 온 집에 커피 내음이 가득했습니다. 저도 모르게 머릿속으로 그 집의 인테리어와 우리 집 천 쪼가리 소파를 비교했습니다……. 주택 융자 갚으려면 아직 이십 년이나 남았는데, 서러움이 복받쳤습니다!

몇 년간의 경험상, 대상자의 삶과 진짜 본성을 이해하고 싶다면 양파 껍질을 벗기듯 외피를 한 꺼풀씩 벗기며 파고들어야 천천히 속마음으로 다가갈 수 있습니다. 저는 그럴 인내와 끈기도 있고 그 과정에서 흘려야 하는 눈물도 감내할 수 있습니다. 그런데 이 대상자는 도무지 틈이 보이지 않았습니다. 짙은 안개 같았습니다. 저를 거스르지도 않고 속을 드러내지도 않았습니다. 혐오감이 절로 들었습니다. 이런 태도는 전문가답지 못하다고 늘 반성합니다만, 이때는 일반인인 제가 사이코패스를 만나서 보호 기제가 자연스럽게 발동한 것이 아닐까 싶기도 했습니다.

자기 의심의 늪에 빠지지 않으려고 온갖 방법을 동원해 대상자를 낱낱이 파헤치기 시작했습니다. 어머니를 심층 상담해 보았지만 답을 얻지 못했습니다. 여자친구에게 연락했지만 대상자가 거절했습니다. 결국 어렵사리 전 배우자의 전화번호를 알아냈습니다. 전남편 이름만 듣고 전화를 끊을까 봐 애원하다시피 하며 이렇게 저렇게 조른 끝에 과거 이야기를 듣기로 했습니다. 전 배우자가 깊은 한숨을 내쉬더니 우아하고 교양 있게 말문을 열었습니다. "보호관찰관 선생님, 궁금하신 것 솔직하게 다 말씀드리겠습니다. 단, 그 사람에게는 제가 말씀드렸다는 사실을 알리지 말아 주세요. 제 인생에 다시는 그 사람과 엮이고 싶지 않습니다."

전 배우자도 처음에는 아무것도 의심하지 못했습니

다. 두 사람은 만나자마자 금방 결혼해 아이를 낳았습니다. 그녀는 겉으로 완벽해 보이는 선한 사람이 생활비를 부담한 적이 없다는 사실을 뒤늦게 깨달았습니다. 대상자는 매일 양복을 말끔하게 빼입고 서류 가방을 챙겨 출근했지만, 공과금이든 양육비든 한 푼도 가져온 적이 없었습니다. 무슨 일을 하는지 물을 때마다 어물쩍 화제를 돌렸습니다.

결국, 둘째를 출산하자마자 전 배우자는 이혼을 결심했습니다. 그러자 대상자는 이혼을 구실로 당당하게 집을 나가더니 세컨드, 서드, 포스…… 여자친구가 끊이지 않았습니다. 이번 성폭행 사건이 발생한 뒤에야 전화해서 처음부터 다시 시작하자고 했습니다. 전 배우자는 소송 과정에서 배우자의 증언이 필요할 뿐이라는 것을 알았기에, 소송을 마칠 때까지만 거들어 주고 바로 이혼했습니다. 영국 유학에 관해서는 매우 의심스럽게 되물었습니다. 직장에 다닌 기간 동안 출장을 다녀온 적은 있지만 유학을 다녀온 적은 없는데, 무슨 해외 유학을 말씀하시는지요? 전화를 끊자 관자놀이가 지끈거렸습니다. 손가락이 저리도록 관자놀이를 꾹꾹 눌렀지만 두통이 가시지 않았습니다. 전 배우자에 따르면 저의 지도 감독이나 관심 따위는 모두 헛수고에 불과했습니다. 할 수 있는 유일한 노력은 다음 무고한 여성 피해자가 발생하는 일을 최대한 늦추는 것뿐이었습니다!

하지만 그 시점에서, 아름다운 은행원 여자친구에게 "그 사람은 여성에게 빌붙고 여성을 이용하는 양심 없고 뻔뻔한 거짓말쟁이 악마이고, 여성을 서서히 잠식해 성관계를 요구하고 여성의 신체와 영혼과 금전을 강탈하는 사이코패스예요!"라고 알려 준들 믿을 리가 없었습니다. 그저 가석방 기간 동안 나쁜 짓을 못 하도록 압박하는 수밖에 없었습니다. 앞에서만 착한 척하는 것일 뿐이라는 걸 알아도 가석방 기간이 끝난 뒤에는 그가 자유를 되찾는 모습을 지켜볼 수밖에 없었습니다.

타이완에서는 중학교 과정에서 국어 교과서 본문, 특히 고문을 통째로 외웁니다. 그때 외운 글 가운데 『맹자』 「이루·하」편이 떠오릅니다.

제나라에 어떤 남자가 아내와 첩을 한집에 함께 두었다. 남자는 나갈 때마다 술과 고기를 배불리 먹고 왔다. 아내가 누구와 먹느냐 물으면 부귀한 사람이라 했다. 아내가 첩에게 말했다. "남편이 나갈 때마다 술과 고기를 배불리 먹고 오는데 누구와 먹느냐 물으면 부귀한 사람이라 하는구려. 하지만 이름난 사람이 온 적이 없으니 내가 남편의 뒤를 밟고 오겠소." 그리고 일찍 일어나 남편을 따라나섰으나 성안을 다 돌면서도 이야기 나누는 사람이 없었다. 마침내 성의 동쪽 변두리에 있는 무덤에 이르러 제사지내는 사람에게 남은 음식을 구걸했다. 음식이 모자라자 주위를 살피더니 다른 곳으로 갔다. 이것이 배불리 먹는 방법이었다. 아내가 돌아와 첩에게 말했다. "남편이란 평생 우러르는 대상이거늘 지금 이런 꼴이구려." 그리고 마당에서 첩과 함께 남편을 헐뜯으며 울었다. 남편은 그런 줄도 모르고 우쭐거리며 어슬렁어슬렁 돌아와 아내와 첩에게 거드름을 피웠다……

평생 선한 사람이라 여긴 대상이 알고 보니 부끄러운 줄 모르고 제삿밥이나 얻어먹고 다니는 떠돌이 개였다니 처첩이 부둥켜안고 통곡할 만합니다. 평생 선한 사람이라 여긴 대상이 알고 보니 남에게 빌붙고 남을 해치기까지 하는 늑대였다면, 처첩만 피눈물을 흘리는 데서 그치지 않고 다른 이의 삶까지 위험에 빠질지도 모릅니다. 그 늑대가 아직 우리 사이 어딘가에서 살아가고 있으니까요……

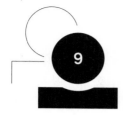

노란 리본

미국 컨트리 음악 가운데 「늙은 참나무에 노란 리본을 달아
주세요」◎라는 유명한 노래가 있습니다. 가사 내용은 이렇
습니다. 삼 년 동안 징역을 사는 남편이, 집에 돌아가면 아
내가 받아 주지 않을까 봐, 출소하기 전에 이런 편지를 씁니
다. "여전히 나를 받아 주겠다면 문 앞 참나무에 노란 리본
을 달아 줘요. 노란 리본이 보이면 당신이 나를 반갑게 맞이
해줄 줄로 알게요. 노란 리본이 보이지 않으면 나도 눈치껏
떠나 다시는 찾아오지 않을게요." 그야말로 대상자가 출소

◎　「Tie a yellow ribbon round the ole oak tree」. 토니 올란도
앤드 던(Tony Orlando and Dawn)이라는 미국의 컨트리 음악 밴드
가 1973년 발표한 노래이다.

할 때의 복잡한 심정을 그대로 전하는 노래입니다.

실제로는 교도소에서 이혼을 하거나, 이혼을 당하거나, 또는 이미 이혼을 당한 줄도 모른 채 출소하는 대상자가 대다수입니다. 배우자가 낳은 아이가 자기를 알아볼지, '아빠'라고 불러 줄지도 큰 문제라는 점은 말할 나위도 없습니다. 비극과 관계의 단절을 너무 많이 보아 왔기에, 대상자가 가석방 후 보호관찰관을 만나는 날이면 집에 누가 남았는지 꼭 물어봅니다. 말을 잘못해서 상처에 소금 뿌리는 일을 저지르지 않으려고요.

특히 장기 복역 후 출소한 대상자가 그렇습니다. 아후이처럼 말이지요. 살인으로 십 년이나 복역했으니 아련한 반쪽과 과거에 나누던 뜨거운 사랑도 이미 재가 되었을지 모를 일이었습니다. 아후이는 가족 이야기를 꺼내자 조금 주저했습니다. 저도 어떤 방식으로 물어야 적절할지 망설이는데 다행히 먼저 이야기를 꺼냈습니다. "선생님, 저기, 그러니까…… 아내가 밖에 있는데, 들어오고 싶은데 차마 말은 못 꺼내니까, 어…… 들어와도 되겠습니까?"

당연하죠, 격하게 반겨도 모자란걸요! 곧 가냘픈 중년 여성이 수수하면서도 곱게 화장한 얼굴을 수줍게 내밀며 들어왔습니다. 아후이 옆에 앉히며 반갑게 맞아 주었습니다. 인사치레가 아니라 직업 정신과 사심이 섞인 진심이었습니다. 대상자 가정의 지지 기반을 깊이 이해할수록 대상자의 실제 생활도 더 깊이 관찰할 수 있기 때문입니다. 특히 친밀한 반려자와 교감을 나누면서 대상자의 인품이 두드러지게 나타나니까요.

여성 보호관찰관으로서, 대다수의 대상자가 남성이기에 감정 개입을 줄이면서도 신뢰를 잃지 않고 여성 가족에게 오해도 사지 않기를 바랍니다. 그래서 가장 필요한 지지자가 바로 대상자의 아내 또는 여자친구 그리고 어머니입니다. 제가 가장 표심을 사고 싶은 대상이지요. 다년간의 경험에 따르면 그 표는 힘써 쟁취할 가치가 있습니다. 언젠가 반드시 보상이 돌아오거든요.

아후이가 호탕하게 웃으며 사모님을 가리켰습니다. "아…… 이 사람, 어디 나갈 때마다 툭하면 울면서 따라와요. 전에는 자기가 제대로 지켜보지 못해서 이런 일이 생겼다면서요. 이제 겨우 출소했더니, 앞으로 제가 어디를 가든 따라가겠다고, 면담하는 데까지 가겠다는 겁니다! 일단 와 보고 다음부터는 안 와도 된다고 했죠!" 사모님을 가리키던 손가락은 어느새 손바닥이 되어 사모님의 머릿결을 부드럽게 쓰다듬었습니다. 사모님은 말아 쥔 두 손을 무릎에 올린 채 말없이 수줍게 웃었습니다. 그 손길에 움츠러들지도, 긴장하지도, 겁먹지도 않았습니다. 면담실 가득 따스한 공기가 감돌았습니다.

면담이 끝나자 아후이가 예의 그 호탕한 기세로 벌떡 일어나 터벅터벅 걸어 나갔습니다. 사모님은 귀여운 새처럼 종종걸음으로 뒤를 쫓았습니다. "사모님, 매번 같이 오세요. 언제나 반갑게 맞아 줄게요. 앞으로 아후이 옆자리는 사모님 전용이에요. 다른 여자친구 데려오면 내가 따끔하게 손봐 줄게요!" 아후이가 고개도 돌리지 않고 껄껄 웃으며 나갔습니다. 사모님은 꽃망울이 피듯 보조개를 지으며 가만히 허리를 숙여 인사하고 사뿐사뿐 면담실을 나갔습니다.

사모님은 면담 때마다 왔지만 아주 가끔 몇 마디 할 뿐이었습니다. 면담이 길어져도 저와 아후이만 입을 열고, 사모님은 아후이와 저를 말똥말똥 쳐다보기만 했습니다. 때로는 귀여운 말티즈를 품에 안고 오기도 했습니다. 눈처럼 하얀 강아지도 주인처럼 얌전하게 무릎에 앉아 미동도 없이 까맣고 동그란 눈으로 두 주인을 말똥말똥 쳐다보기만 했습니다. 강아지가 무척 교양 있다고 칭찬하니 아후이가 웃으며 퉁퉁한 손으로 사모님의 뒷머리를 쓰다듬었습니다. "거참, 저 혼자도 모자라 강아지까지 데려오나 그래!"

사모님이 미소 지으며 아후이를 바라보자 강아지도 주인을 따라 아후이 쪽으로 코를 들이대고 공기 중의 달콤한 내음을 맡으며 얌전히 기다렸습니다. 기다림을 행복으로 바꿀 수 있다면, 그것이 바로 사랑의 참모습이겠지요. 아후이는 중년의 나이에, 게다가 범죄 조직에서 살인까지 저지르고도, 이제는 정말 깨끗이 손을 씻고 성실하게 전기 배관을 공부하니 완벽했습니다. 똑똑한 머리로 착실히 일해 일 년이 안 되어 혼자 고압 전선을 다룰 수 있게 되었습니다. 그 덕분에 대학생 아들도 아빠를 보는 눈이 완전히 바뀌었습니다. 전에는 친구들에게 아빠가 교도소에 있다는 말조차 꺼내지 못하더니, 이제는 신이 나서 여자친구를 집에 데려와 아빠와 식사까지 했습니다.

「노란 리본」 노래를 끝까지 부를 수 있었다면 참 아름다웠겠지요. 아쉽지만 철저히 진실에 입각해 끝까지 이야기하겠습니다. 아후이가 왔어야 했던 그날을 영원히 잊지 못합니다. 사모님이 바깥에서 한참을 배회하다가 제가 아후이의 이름을 부르자 그제야 들어왔습니다. 두 눈이 벌겋게 퉁퉁 붓고 머리도 헝클어져 있었습니다. 앉으려고도 하지 않고 종이 한 장을 내밀었습니다. 아후이의 사망진단서였습니다!

사모님께 다시금 앉으시라고 권했습니다. 끊임없이 흐르는 눈물에 가냘픈 음성이 애써 덤덤하게 섞여 나왔습니다. 아후이는 고압 전선을 다루는 작업 중에 실수로 감전되어 추락했습니다. 혼자 작업했기에 오후 다섯 시 반에 동료가 퇴근하고 아후이를 찾으러 갔을 때는 몸이 싸늘하게 식은 지 몇 시간이 지난 뒤였습니다. 그래서 유언을 남겼는지조차 알 수 없었습니다. 사모님은 화장한 유골을 납골당에 안치한 뒤 면담 날짜에 맞추어 온 것이었습니다.

보호관찰관으로서 대상자의 사망은 익숙한 일이고, 대상자가 사망한 덕분에 가족이 한시름 놓는 모습도 자주 봅니다. 하지만 그때만큼은 달랐습니다. 저는 그런 적도 없고, 앞으로도 그럴 일이 없기를 바랍니다. 사모님에게 단도직입적으로 물었습니다. "아후이는 제가 찾아가기를 바랄까요?" 사모님은 고운 얼굴에 동그란 눈을 뜨고 전처럼 말없이 고개만 끄덕였습니다. 네, 그럼 내일 납골당으로 데려다주세요.

뜨거운 여름 휴가철이었습니다. 제 옆에는 생기발랄한 전문대학 실습생도 있었습니다. 학교에서 실습 내용에 납골당 방문 같은 항목이 들어 있다고는 알려 주지 않았을 테니, 순진한 실습생이 깜짝 놀랐을 법도 했습니다. 납골당에 가지 않아도 괜찮다 일렀지만, 실습생은 용기를 내어 따라나섰습니다. 발소리마저 울리는 납골당 안에서 실습생은 단정한 옷에 단화를 신은 채 까만 눈을 말갛게 뜨고, 어두운 남색 옷을 입은 저의 왼쪽 뒤에서 두 걸음 떨어져 점잖게 따라왔습니다.

사모님은 아들을 데리고 공손하게 향을 피워 우리에게 건넸습니다. 그리고 두 손으로 향을 높이 든 채 단 앞에서 속삭이듯 인사했습니다. "아후이, 선생님 오셨어. 실습생도 같이 데려오셨네. 당신이 면담 걱정하는 거 알고 특별히 여기까지 오신 거야. 선생님이랑 실습생이 평안하고 건강하도록 보살펴 줘……." 저도 향을 들고 말없이 기도했습니다. 그리고 어젯밤 잠을 이루지 못하며 쓴 '제문'을 실습생에게 읽어 달라 부탁했습니다.

실습생이 어설프게 더듬더듬 제문을 읽어 내려갔습니다. 감동적인 분위기는 조금도 없었습니다만 옆에 합장하고 선 사모님은 목이 메었습니다. 아빠의 유골함 앞에 쪼그려 앉은 아들은 뜨거운 눈물을 뚝뚝 흘리며, 유골함에 새겨진 이름을 실습생과 똑같이 어설프게 어루만졌습니다. 마치 온 젊음을 다 소진해서라도 아빠의 온기를 다시 느끼려는 듯했습니다.

살아 있을 때, 아후이는 살인범이자 조직폭력배였습니다. 죽을 때, 아후이는 기술자이자 한 가정의 가장이었습니다. 면담할 때마다, 그가 난폭한 영혼을 깨끗이 씻고 가족과의 관계를 바로잡으려고 노력하는 게 분명히 느껴졌습니다. 다만 어떻게 상냥해야 할지 몰라 보호관찰관이 가르쳐 주었고, 어떻게 말해야 할지 몰라 가르쳐 주었고, 어떻게 아들을 이끌어야 할지 몰라 또 가르쳐 주었습니다. 이제 삼도천을 건너려 준비하고 있을 영혼은 빛나고 순결하고 아름다우리라 믿습니다.

납골당을 나와, 지전이 하얀 재가 되어 열기와 함께 파란 하늘로 날아오르는 모습을 바라보았습니다. 아후이가 가석방으로 출소하던 날, 교도소에서 보급받은 하얀 민소매 속옷과 반바지, 슬리퍼 차림으로, 한 손에 개인 물품을 담은 파란 재봉선 테두리의 투명 가방을 들고, 다른 손으로 사모님의 가녀린 손을 꼭 쥐었던 모습이 겹쳐 보이는 듯했습니다. 그날 보호관찰 신고를 마쳤을 때가 마침 퇴근 시간 무렵이었습니다. 두 사람이 손을 맞잡고 힘차게 흔들며 걸어가는 모습이 비스듬히 내리는 노을빛을 받자, 그림자가 하나로 길게 이어져 아른거렸습니다. 그렇게 두 그림자는 하나가 되고, 두 사람은 일심동체가 되었습니다. 오롯이 하나가 되었습니다.

　아후이는 말투가 거칠고 낭만도 없어서 '사랑해' 같은 말도 할 줄 몰랐습니다. 하지만 손을 잡았으니까요! 얼마나 아름답고 포근한 장면이었는지요. 저는 속으로 미소를 지었지만 입꼬리가 올라가지는 않았습니다. 그래도 고개를 들어 눈가에 흐르는 뜨거운 것이 떨어져 내리지 않게 해야 했습니다. 오늘은 눈물이 너무 많았기에, 저의 슬픔은 그 앞에서 보잘것없어 보였습니다.

　제문

누가 아무리 따뜻한 위로의 말을 건네든 남편 잃은 슬픔을 위로할 수는 없어요. 가장 소중한 삶의 버팀목을 잃었으니까요. 더구나 십 년 동안 홀로 가장·어머니·아내의 자리를 단단히 지키며, 당신이 가석방되어 집으로 돌아오기를 우직하게 기다린 사람에게는 말이에요.

오랫동안 면담하며 두 사람이 자아낸 수많은 사소한 몸짓과 감정을 빠짐없이 내 눈에 담았답니다. 말로 표현하지는 않았지만 아내를 얼마나 사랑하는지 알아요. 눈 감던 그날, 당신도 분명 슬프고 안타까웠겠지요. 이제 당신은 책임감 있는 아버지, 아내를 사랑하는 남편, 떳떳한 보호관찰 대상자라는 신분으로, 다른 세상을 향해 떠납니다. 그 떠남은 영광스럽고 존엄하여, 원망 대신 그리움만을 남기는군요. 자칫 돌아가기 쉬운 길을 뒤로하고 꿋꿋이 새 길을 걷기가 얼마나 힘겨운지 누구보다 잘 알아요. 당신은 뚝심과 끈기로 의지를 증명했어요. 아이는 아버지의 뒷모습을 보며 자랑스러워할 수 있었답니다.

오랫동안 보호관찰관으로 일하면서 세상을 떠난 수많은 대상자를 한 번도 추모한 적 없는 까닭은 여러 가지입니다만, 오늘 이렇게 온 까닭은 당신을 위해서라기보다는 당신의 아내 메이메이를 위해서라고 해야겠군요. 마지막 면담을 매듭짓고 싶습니다. 내가 잔소리하지 않아도 틀림없이 하늘에서 아내와 아들을 정성껏 굽어살펴 주겠지요. 앞으로 메이메이가 더 행복하고 즐거운 삶을 스스로 찾을 수 있게 지켜 주고, 가족을 돌보는 책임과 의무에 빛나는 마침표를 찍기를 기도합니다. 다음 생이 있는지 모르겠지만 만약 있다면, 이번 생에 얻은 지혜를 꼭 품어 가세요. 그러면 그 삶의 길에서는 다정하게 손잡고 순조롭게 걸어서 더 큰 행복을 누릴 수 있을 테니까요.

보호관찰 대상자 루아후이(가명), 기존 보호관찰 종료일 2017년 08월 06일을, 2014년 07월 16일로 갈음함.

차오터우 지방검찰청 보호관찰관 탕페이링 삼가 올림

10

용 문신 사내

첫인상이 무척 강렬했습니다. 규정을 철저히 지키며 사소한 절차 하나 소홀히 하지 않았습니다. 보호관찰 기간 중반까지 줄곧 그랬습니다. 말투는 여유로우면서도 정중하고 세심했습니다. 대상자로서 요구할 일이 있을 때면 적절한 시기에 적당한 방식으로 전혀 무례하지 않고 조리 있게 말하니 들어주지 않을 수 없었습니다. 불비불항不卑不亢○이라는 성어를 대상자에게 쓸 일이 거의 없는데, 이번 대상자에게는 그보다 어울리는 말이 없더군요.

○ 비굴하지도 거만하지도 않다는 뜻이다.

겉모습도 '조직' 세계를 누비던 사람처럼 보이지 않았습니다. 드라마나 영화에 나오는 검은 옷과 선글라스, 표정을 알 수 없는 냉혹한 이미지 따위는 없었습니다. 면담할 때는 옆구리에 클러치백을 끼고 짙은 색 슬랙스에 깔끔한 스니커즈를 신어 세련미를 풍겼습니다. 가장 눈길을 끄는 것은 매번 바뀌는 꽃무늬 셔츠였습니다. 어디서 그런 옛 느낌 물씬 나는 꽃무늬 셔츠를 사는지, 타이완 영화 『하이자오 7번지』에서 마루룽이 연기한 민의 대표○2 의장이 입은 셔츠 같았습니다. 그런데 어째서 그런 셔츠를 그 대상자가 입으면 중년 남성의 중후한 매력에 카리스마가 더해져 자연스럽게 어울리는지 신기할 노릇이었습니다. 등에 새긴 용과 호랑이 문신은 셔츠 사이 반투명한 부분으로 무심결에 간간이 비칠 뿐이었습니다. 일본 느낌의 전형적인 야쿠자 문신이 대상자의 전과처럼 등에 가득했습니다.

아룽은 조직 세계를 제대로 누비며 분별을 터득한 사람이었습니다. 아주 어릴 적, 그러니까 초등학교 고학년 무렵부터 어둠의 길에 접어들었습니다. 범죄가 곧 일상이었기에, 우리가 말하는 '비정상'은 해를 거듭하며 정상처럼 익숙해졌습니다. 스스로 마약을 별로 즐기지 않는 점만 제외하면 마약 매매·고리대·유흥업소 운영·도박·자릿세 수

○2 한국의 국회의원과 비슷하다.

금, 전동 완구 매매○3까지 온갖 일을 했습니다.

묻지 않으면 먼저 이야기하지 않았지만, 묻기만 하면 과거 생활을 거리낌 없이 이야기했습니다. 어둠의 세계가 영화에 나오는 모습과는 다르다는 사실을 해명해야 한다는 사명감을 느끼는 듯했습니다. 경험 많고 노련한 아룽은 두 세계가 완전히 달라서 제가 그쪽 세계의 질서를 전혀 모른다는 사실을 잘 알았습니다. 그래서 아주 성심성의껏 설명해 주었습니다. 살인은 수단일 뿐, 진짜 하는 일은 '해결사'라고요.

예전 타이완에서는 일반인도 갈등이 생기면 법보다 음지의 해결사에게 기대어 해결했습니다. 금전 문제가 생기거나 혼외정사가 벌어졌을 때, 누군가 괜히 기분 상하는 일을 당했다 싶을 때도 해결사가 소매를 걷어붙이고 나섰습니다. 하지만 그런 자잘한 사건으로 받아먹는 '귓돈'◎은 변변치 않았습니다. 실속 있고 중요한 사건은 음지에서 이권이나 관할 구역을 놓고 벌어지는 분쟁이었습니다. 아룽은 그런 사건을 처리하는 현장에 수없이 나갔지만 주연급은 아니었습니다. 그쯤 되면 '높으신 분'이 모습을 드러내야 하지요. 아룽이 모시는 형님은 조직에서도 상당한

○3　속에 마약을 넣은 완구 밀매를 의미한다.

◎　　쌍방 또는 패배한 측이 치르는 귓돈, 즉 사건 처리비는 사건의 경중과 출동한 조직원의 계급에 따라 달라 기준 시세를 말하기 어렵다. 가끔 인심을 사고자 또는 사업상 관계로 인해 사건을 무료로 처리할 때도 있는데, 당사자는 나중에라도 반드시 따로 접대하거나 돈으로 갚아야 한다.

고위급이었습니다. 그 정도 서열에 올라야 일정 규모를 넘는 사건을 다루며 쌍방의 세력, 때로는 제삼의 세력까지 뜻대로 부릴 수 있으니까요.

현장은 통상 식당이나 중립 지대로 정합니다. 직접 상대 구역으로 가는 일은 되도록 피하여 도발하는 느낌을 주지 않아야 합니다. 현장에서는 온 정신을 집중해야 합니다. 특히 쌍방이 모두 어둠의 세력이라면 분위기가 아주 살벌하고 드라마틱합니다. 조금이라도 수가 틀리면 곧장 컵을 던지거나 접시를 깨거나 식칼로 탁자를 두 동강 내야 합니다. 아룽이 바로 그 역할을 맡았습니다. 그렇다면 어떤 순간에 컵을 던지거나 접시를 깨야 할까요? 형님의 눈치를 살펴야 합니다. 터질 듯한 긴장 속에서 형님이 일일이 명령할 수는 없으니까요. 언제 치고 언제 빠져야 하는지 스스로 판단해야 합니다.

담판할 때 심리 상태와 분위기는 매우 미묘합니다. 쌍방모두 상대를 몰살할 수 있는 물리력이 충분하다는 사실, 일단 살육전이 벌어지면 서로 피해가 커진다는 사실, 자칫하면 불필요한 경찰력이 개입할 수 있다는 사실을 잘 알거든요. 그렇다고 약한 모습을 보여 상대에게 얕보일 수도 없습니다. 그러니까 직접적인 충돌을 피하면서도 힘을 과시해서 상대방을 두려워하게 만드는, 그 오묘한 수준을 딱 맞춰야 하지요. 형님의 마음속에 나름대로 기준이 있습니다. 아룽이 명품 조연으로서 분위기를 살피며 형님의 뜻에 따라 적절한 순간에 눈치껏 나서서 적당히 긴장감을 조성하다가, 형님이 엄하게 꾸짖으면 꼬리를 내리고 다시 형님 뒤로 가서 사나운 표정으로 버티고 섭니다. 만에 하나 정말로 충돌이 일어나면 팔다리가 잘릴 각오도 해야 합니다. 어지러이 춤추는 칼날 사이로 형님이 빠져나갈 길도 터 주어야 합니다.

다행히 팔다리가 잘리는 일은 흔하지 않았기에, 아룽도 사지는 멀쩡했고, 판단력도 온전했습니다. 그렇게 사건을 무사히 처리하고 나면 뒷수습할 차례입니다. 이를테면 똘마니를 불러 식당 사장이나 해당 장소 주인에게 입막음용 사례금을 찔러 준다거나 하는 일입니다. 그 금액은 장소를 훼손한 정도와 그 일의 위험성에 따라 정합니다. 너무 많으면 업계 질서가 깨지고 너무 많으면 입막음이 제대로 안 되어 잡음이 생기기 쉬우니 적당한 수준을 가늠하는 지혜가 필요합니다.

대다수의 경우, 음지나 양지나 돈을 좇기는 매한가지입니다. 기왕에 돈을 좇으려면 명당에서 놀아야 하는데, 여기서 재력은 곧 실력입니다. 그 시절 도박장에서 아룽은 얼마나 큰돈을 걸었을까요? 아룽이 씩 웃습니다. "대충 백 단위는 가죠!" 물론 백 뒤에 '만'을 생략한 단위입니다! 1980~1990년대 타이완 공무원 월급이 기껏해야 일이만 타이완 달러였습니다. 요즘 타이베이에서 그나마 저렴하다는 원산구의 집값이 평당 오십만 타이완 달러입니다. 그러니 아룽이 한창 때 백만 단위로 돈을 굴렸으면 지금쯤 몇천만도 더 벌었을 테지요! 저는 놀란 표정을 감추지 못했습니다. 어떻게 그렇게까지 큰 돈을 걸죠? 아룽이 빙그레 웃으며 어깨를 으쓱합니다. "어차피 서로 주고받을 건데 크게 놀아야 흥이 나죠!" 그렇군요. 몇백만 따위 우습지도 않다니, 정말 기백이 넘치네요!

아룽은 여심을 울리고 다니는 카사노바이기도 했습니다. 한창때는 유흥업소나 홍등가에서 수시로 여성을 만났기에 몇이나 사귀었는지 제대로 셀 수도 없었습니다. 그런데 그중 가장 특별한 한 사람이 면담에 함께 와서 저와 인사를 나누었습니다. 이 여인은 검소한 옷차림으로 우아함을 풍기며 채식을 하고 부처님을 섬겼습니다. 아룽과 동향 출신인데, 소녀 적에는 아룽이 조직에서 생활하는 줄 몰랐습니다. 아룽도 줄곧 정이 깊어 소녀를 위해 손 씻을 생각까지 했습니다. 하지만 지하 세계의 유혹을 뿌리치지 못했고, 카사노바는 평범한 삶으로 돌아가지 못했습니다. 소녀가 여인으로 자라는 동안 두 사람은 헤어졌다 만나기를 거듭했습니다. 끝내 여인이 불가에 귀의하기로 마음먹었을 때 아룽은 할 수 있는 말도 없고 붙잡을 수도 없었습니다. 교도소 수감 중이라 면회실 창문에 가로막혔으니까요.

두 사람의 감정은 새로운 단계로 승화했지만 아룽의 마음에는 빚이 남았습니다. 그래서 거친 성격에도 그 여인에게만은 큰소리를 내지 않았습니다. 오랫동안 지극정성으로 기른 난초를 다른 승려들에게 미련 없이 나누어 주고 다녀도 그저 씁쓸한 입맛만 다셨지요.

저는 이렇게 여유롭고 편안한 면담이 끝까지 이어질 줄 알았습니다. 보호관찰 기간이 열흘도 채 안 남았을 무렵이었습니다. 아룽이 면담실로 허겁지겁 달려왔습니다. "선생님, 정말 중요한 말씀을 드려야겠습니다!" 아니나 다를까, 정말 심각한, 마약이 얽힌 일이었습니다! 벌써 파출소에 하룻밤 잡혔다 나왔다네요! 언제나 차분하던 아룽답지 않게 말을 서둘렀습니다. 두 달 전에 새 여자친구를 사귀었는데, 쉰을 앞둔 또래라 죽이 잘 맞았습니다. 여자친구는 머리를 곱게 길러 하루 걸러 미용실에 발 도장을 찍는 사람이었습니다. 두 사람은 친구의 도박판에서 만나 금방 사랑을 불태웠고, 곧 아룽의 집에서 동거하기 시작했습니다. 어차 피 드넓은 저택에서 아룽 혼자 지내기에는 옆구리가 너무 도 시렸습니다! 여자친구는 껌딱지처럼 아룽네 회사까지 따라다니더니 어느새 아룽의 직장 동생과 자매처럼 친해졌 습니다. 가족과 친구들은 상냥하고 말도 예쁘게 하는 여자 친구를 침이 마르도록 칭찬했고, 나이를 먹을 만큼 먹었지 만 여태 독신인 아룽에게 어서 가정을 꾸리라고 재촉했습 니다.

아룽도 그러고 싶었지만, 실제 행동으로 옮기진 못했 습니다. 얼마 후 여자친구가 돈을 빌린 뒤 모습을 감추었습 니다. 아룽은 마음이 상해서 둘을 모두 아는 친구에게 이 일 을 털어놓았습니다. 금방 몇 사람을 건너 여자친구가 임신 해서 돈을 들고 시내에 있는 유명한 산부인과로 갔다는 소 식을 들었습니다. 아룽은 곧장 병원으로 달려가며 아이가 생겼다는 사실에 기뻐했습니다. 하지만 전화를 받은 여자 친구는 슬프게도 유산했다며 초췌한 모습을 보이기 싫으니 오지 말라고 했습니다. 그렇다고 아룽이 안 갈 수 있나요? 산부인과에 도착해 한참을 조회해도 여자친구 이름은 나오 지 않았습니다.

여자친구는 걱정시키고 싶지 않아 병원을 옮겼다고

했습니다. 오래지 않아 여자친구는 다시 아룽의 곁으로 돌아왔습니다. 물론 돈 이야기는 없었습니다. 하지만 신경 쓰지 않았습니다. 가족들도 유산했지만 가정을 꾸려 여자친구를 가족으로 받아들여야 한다고 했습니다. 유산은 여자친구의 나이가 많아서 그런 것뿐이라고요. 아룽도 동의했습니다. 다만 실제 행동으로 옮기진 못했을 뿐이지요.

아룽은 여자친구가 자주 집을 비우고 전화도 안 받는다는 사실을 뒤늦게 깨달았습니다. 근심에 빠져 있던 아룽은 여자친구가 자기 몰래 자신의 직장 동생에게 거금을 빌렸다는 사실을 우연히 알았습니다! 일이 이 지경이 되자 사랑은 모조리 증오로 변했습니다. 여자친구에게 직장 동생 돈을 갚으라고 독촉하면 여자친구는 몇 번이나 꼭 갚겠다 장담하고, 몇 번이나 기일을 어기고, 몇 번이나 자취를 감췄습니다. 마지막으로 전화했을 때는 너무 화가 나서 큰소리로 욕을 퍼부으며 혼쭐을 냈습니다. 다음 날, 노점에서 밥을 먹으며 반주를 마시는데 동네 파출소의 경찰이 검문을 나와 한 번도 문을 잠근 적이 없는 자기의 낡은 차를 가리키며 물었습니다. "본인 차량 맞죠?" 차에서는 뜻밖에 마약 두 봉지가 나왔습니다! 아룽은 불같이 화를 내며 길길이 날뛰다 분을 이기지 못해 주먹까지 휘둘렀습니다. 경찰은 당연히 공무집행방해를 용납하지 않았고, 아룽은 그날 밤 수갑을 찬 채 경찰서에서 밤을 지냈습니다. 이튿날 그의 직장 동생이 눈물을 흘리며 보석을 신청해 풀려났습니다. 아룽은 틀림없이 여자친구가 함정을 판 것이라고 굳게 믿고, 찾아내어 본때를 보여 주리라 결심했습니다.

어쩌면 다행스럽게도, 풀려난 날 오후가 마침 면담 날이었습니다. 아룽은 온갖 넋두리를 늘어놓다 울음까지 터뜨렸습니다. "살면서 제가 한 일은 반드시 인정하고, 하지 않은 일은 절대로 책임지지 않았다고요!" 남자는 눈물을 가볍게 흘리지 않는다지요. 특히 조직 출신 형님이 젊은 여성 보호관찰관 앞에서 흘리는 눈물은, 사태가 가석방이 취소될 정도로 위급해서이기도 하겠지만, 오랫동안 속수무책으로 속아 넘어가며 쌓인 분노 때문이기도 했습니다. 눈물을 아무리 감추려 애써도 자꾸만 흘러내렸습니다. 남자다운 모습을 보이려 그랬는지 휴지를 건네도 받으려 하지 않고 소매로 눈물을 아무렇게나 닦았습니다.

그 이야기를 다 믿지는 않았습니다. 하지만 그런 태도는 확실히 살펴볼 만한 여지가 있었습니다. 소변 검사도 세 번 연속 정상이었기에, 합법적인 선에서 최대한 도와주기로 마음먹었습니다. 다만 여자친구에게 본때를 보이고 말겠다며 장담하는 것은 도무지 말릴 수가 없었습니다! 아무리 어르고 달래도 소용이 없어서 어쩔 수 없이 소리를 질렀습니다. "본때를 보이려면 내 체면을 생각해서라도 가석방 취소부터 당한 다음에 보이든가요!" 아룽이 얼어붙자 제 심장도 깜짝 놀라 펄떡펄떡 뛰었습니다. 이게 어디 사법기관 종사자가 할 소리야? 양아치나 할 소리지! 하지만 후회해도 늦었잖아! 다행히 이런 대답이 돌아왔습니다. "네, 선생님 말씀대로 하겠습니다." 휴…….

몇 달이 흘러, 마침내 불기소 처분서가 나오고 일이 순조롭게 해결되었습니다. 가석방도 취소되지 않았습니다. 아룽은 제 말을 기억하고 사법기관에서 무슨 통지만 받으면 곧장 저에게 알렸습니다. 제가 물었습니다. 아직도 여자친구한테 본때를 보여 주고 싶어요? 어느새 여유로운 사람으로 돌아온 아룽이 웃었습니다. "봐주죠, 뭐!" 겨우 보호관찰을 종료했습니다.

터질 것처럼 꽉 찬 철제 캐비닛에 어정쩡하게 쑤셔 넣은 채 내버려 두었던 아룽의 서류를 그제야 깔끔하게 갈무리할 수 있었습니다. 하지만 터질 것처럼 꽉 찬 저의 머릿속에 이제껏 남은 아룽은 언제 갈무리할 수 있을지 모르겠습니다.

11 딩란

딩란 丁蘭◎ 본인을 만나기도 전에 딩란 어머니의 전화를 받

◎　　이 가명은 원나라 때 곽거경(郭居敬)이 지은 책『이십사효』(二十四孝)에 나오는 효자의 이름이다. 정란은 후한(後漢) 시대 인물로, 아버지를 일찍 여의고 어머니 품에서 자랐으며 젊어서는 불효자였다고 전해진다. 어머니가 날마다 밭으로 점심을 가져왔는데, 정란은 반드시 너무 일찍 왔느니 늦게 왔느니 하며 험한 말을 함부로 지껄였다. 그러다 글을 배워 깨달음을 얻었다. 마침내 개과천선하기로 마음먹은 이튿날, 어머니가 점심을 가져오자 소 치던 채찍을 든 채로 반갑게 맞이하며 감사 인사를 올리려 했다. 하지만 어머니는 정란이 채찍으로 때리려는 줄 알고 너무 무서워 허겁지겁 도망치다가 그만 배나무에 머리를 부딪혀 죽고 말았다. 정란은 그제야 불효를 뉘우치고, 목수를 불러 그 배나무를 어머니 모습으로 깎아 기렸다. 이 이야기에서 '정란각목'(丁蘭刻木)이라는 말이 나왔다. 중국에서는 신주(神主)를 만들어 돌아가신 부모님의 혼을 모신 모범적인 인물로 정란을 꼽기도 한다. 본문에서는 중국어 외래어표기법에 따라 '딩란'으로 표기하였다. — 옮긴이 덧붙임.

123

았습니다. 딩란이 가석방되자마자 경비 일을 구해서 내일 보호관찰 신고를 하러 올 수 없다는 것이었습니다. 일도 열심히 하는 데다 직장에 전과를 밝히지도 못해서 내일 꼭 출근해야 한다고요.

이런 이유는 합법적이지도, 합리적이지도 않고 상식에도 부합하지 않습니다. 보호관찰 면담은 가석방의 가장 중요한 조건으로, 어떠한 사정보다 우선합니다. 이것은 모든 대상자가 알고 지키는 금과옥조입니다. 제가 속한 지검에서 첫 면담을 나오지 않을 배짱이 있는 사람은 10퍼센트 정도 됩니다. 보호관찰관에게 전화도 직접 못해서 엄마에게 부탁하고, 심지어 그 엄마가 정말로 자식 대신 전화를 거는 일은 고작 1퍼센트 정도 됩니다.

딩란 어머니에게 엄숙하게 말씀드렸습니다. "보호관찰 면담은 거를 수 없습니다. 본인 대신 가족이 전화해서 이런 부탁하는 것은 더욱 허용되지 않습니다. 면담 당일 건강이 너무 안 좋아 입원해서 말도 못 할 정도가 아니라면 직접 와서 보호관찰관을 만나야 합니다. 전화를 하더라도 본인이 직접 해야 합니다. 죄를 지은 사람도 본인이고, 면담에 출석하지 않아서 가석방이 취소되는 사람도 본인입니다. 초등학생에게나 필요할 도움을 어머니가 이렇게 주실 필요는 없습니다."

　어머니는 받아들이는 듯하면서도 사소한 불만을 한참이나 털어놓았습니다. 요약하면 이렇습니다. "선생님은 어쩜 그렇게 몰인정하세요! 귀한 아들이 실형을 살고 와서 이렇게 착해졌는데, 선생님이 제 아들을 도와주셔야지 그렇게 면담하라고 번거롭게 부르면 안 되죠!" 어머니의 반응에 조금 짜증이 났지만 뭐라고 할 수도 없었습니다. 면담에 오지 않은 사람은 딩란이지 어머니가 아니었으니까요. 본인이 면담하러 오면 그때 지적해도 늦지 않다고 생각했습니다.

　마침내 딩란이 나타났습니다. 팔월 한여름, 경비 회사의 짙은 남색 긴 팔·긴 바지 제복에 옷깃을 높이 세운 셔츠를 갖춰 입고, 넥타이를 단단히 매고, 제복 모자를 손에 들고 있었습니다. 면담실에 틀어 놓은 강력한 에어컨 바람이 무색하게 땀을 비 오듯 흘렸습니다. 짙은 남색 셔츠의 등과 겨드랑이는 이미 푹 젖어서 검은색이 되었습니다. 딩란이 손등으로 이마를 훔치며 점잖게 말했습니다. "선생님, 죄송합니다. 일터로 서둘러 복귀해야 해서요." 엉덩이를 의자에 붙이자마자 떠날 준비를 했습니다.

　저도 서둘러 가로막았습니다. "일찍 가는 건 좋지만,

먼저 소변 검사부터 하세요. 십 분도 안 걸리니까." 갑자기 딩란이 태도를 180도로 바꾸었습니다. 일터에 늦을까 봐 서두르는 모습은 어디로 가고, 손이 발이 되도록 싹싹 빌며 눈물로 읍소하고 인정에 호소하며 애걸복걸 간청하기 시작했습니다. "선생님, 오늘은 소변 검사 안 하면 안 될까요? 오늘은 좀 불편한데……."

'불편'하다니, 도대체 언제 누구와 얼마나 마약을 했단 말이죠? 이실직고하는 게 좋을 겁니다! (제 마음속 무대에서는 이미 포청천 주제곡이 울려 퍼졌습니다. 제 얼굴도 검어지고 이마에 반달이 빛났을지도 모르겠습니다.) 제 얼굴 빛은 안 보이지만 딩란의 얼굴빛이 벌게졌다 흙빛으로 변하고 입술이 창백해지는 모습은 보였습니다. 딩란이 우물쭈물하다 입을 열었습니다. "출소하던 날 친구를 만났거든요. 많이는 안 했는데…… 4호◎²를 좀 샀을 뿐이에요……."

'뿐'이라니요! 가석방으로 출소한 첫날에 범죄를 저지르고, 보호관찰 첫날에 규정을 위반하고, 보호관찰관을 만나기도 전에 어머니에게 거짓말을 시키고, 보호관찰관을 만나 두 눈을 똑바로 마주 보고 거짓말을 하다니요! 볼펜을 꽉 쥐며 터지기 직전인 분노를 누르고 마약 중독 재활 센터의 자료를 건넸습니다. 가석방 취소 규정도 다시 한 번 분명

◎2 헤로인의 속칭. 용도와 순도에 따라 네 등급으로 나누어, 가장
고운 가루로 정제 가공한 것이 4호가 되어 마약 시장으로 흘러든다.

히 짚었습니다. 딩란이 듣지도 않는다는 걸 알았지만 화를 누르고 설명을 이었습니다. 가석방을 눈곱만큼도 신경 쓰지 않는다는 걸 뻔히 알지만, 그럴수록 더더욱 저의 법적인 직분을 다해 가석방 철회 절차를 준비하려던 차였습니다. 최종 결과가 교도소로 돌려보내는 것이라는 예감은 진작에 들었습니다. 하지만 '흑화'한 『이십사효』의 정란이 『이솝우화』까지 뛰어 넘을 줄은 몰랐습니다.

보호관찰관은 절망으로 살고 희망으로 죽는 슬픈 직업이 아닐까 자주 생각합니다. 대상자를 계도할 수 있다는 희망을 품고 결과가 드러나지 않는 온갖 고생스러운 노력을 해도, 묵묵히 일한 결과가 종종 대상자가 기어이 범죄의 길로 돌아가는 커다란 좌절로 돌아올 때가 많습니다. 희망을 품을수록 상처받기가 쉽습니다. 만약 처음부터 절망하면 실망하진 않겠지요.

그런데 딩란을 바로 포기하고 싶으면서도, 마약 중독에서 벗어나 사회로 돌아갈 가능성이 있기를 바랐습니다. 그래서 제가 먼저 어머니에게 연락해 딩란이 마약을 끊을 수 있게 도와 달라고 했습니다. 딩란의 어머니가 만나자는 부탁에 응했습니다. 하지만 집이 아닌 곳에서 만나자고 했습니다. 낮에는 건물 청소 일을 해서 비는 시간에 잠깐만 만날 수 있다는 이유였습니다. 어머니의 업무 시간을 배려해 점심시간에 밥도 굶고 찾아가 뙤약볕이 내리쬐는 건물 바깥에서 기다렸습니다.

한참을 기다려도 나오지 않아 전화를 몇 통이나 걸었지만 받지 않더니, 마침내 받고서는 제 신분을 듣자마자 끊었습니다! 화가 나서 딩란에게 전화를 걸어 어머니에게 연락해 내려오시라는 말을 전해 달라고 했습니다. 그러자 딩란은 어처구니없게도 이렇게 답했습니다. "어머니는 제가 이미 착해져서 선생님이랑 만날 필요가 없다고 생각하시는데요!" 덥고 배고픈데 화까지 치밀어서 하마터면 이성의 끈을 놓고 휴대전화를 패대기칠 뻔했습니다. 대상자의 가족과 만나기로 한 자리에서 바람을 맞다니, 보호관찰관으로 일하면서 처음 당하는 일이었습니다!

타이완 법무부 규정상 가석방을 취소하기 전에는 반드시 출장 면담을 거쳐야 합니다. 당연히 딩란도 예외일 수 없습니다. 가정 형편을 자세히 들여다보았습니다. 아버지는 세상을 떠났고 어머니는 전과가 없지만, 딩란을 제외한 다른 두 아들은 모두 마약 전과가 있었습니다. 혼자 집에 찾아갔다가 숲에 잘못 들어간 토끼 신세가 되어 마약의 소굴에 빠질까 봐 두려웠습니다. 그래서 덩치 큰 친구에게 경호

128

원 노릇을 부탁했습니다.

그래도 불안했습니다. 만에 하나 마약을 사용하는 현장을 목격하더라도 보호관찰관은 현행범을 체포할 권한이 없습니다. 그래서 먼저 파출소에 들러 파출소장을 만나 딩란의 집에 함께 가 달라고 부탁했습니다. '딩란'의 이름을 듣자마자 소장이 고개를 절레절레 흔들고 온 파출소의 경찰들도 쓴웃음을 지었습니다. 그 집의 마약범 삼 형제를 모르는 사람이 없었습니다! 경찰은 대단히 협조적이었습니다. 네 사람이 차 두 대에 나누어 타고 위풍당당하게 면담 장소로 향했습니다. 경찰은 저를 어느 마을의 후미진 골목으로 데려갔습니다. 좁디좁은 건물 틈새로 마침내 딩란의 집 문패를 찾았습니다.

다년간 보호관찰관으로 일하면서 방문한 대상자의 가정이 적어도 천여 호가 넘습니다. 산골부터 바닷가까지 안 가 본 데가 없습니다. 하지만 몸을 옆으로 해서 게걸음으로 비집고 들어가야 겨우 대문이 나오는 집은 처음이었습니다. 온 건물이 어두컴컴하고 악취가 가득했습니다! 덜컥 겁이 났습니다. 몸을 돌려 도망치고 싶은 충동을 억지로 누르며 자신을 다독였습니다. 내 뒤에 경찰 둘이 실탄을 장전한 총을 들고 있으니까 괜찮아.

용기를 내어 앞장서서 대문을 열었습니다. 순간 낯익은 뒷모습이 급히 계단을 뛰어오르며 모습을 감추었습니다. 큰 소리로 불렀습니다 "딩란! 딩란!" 동시에 딩란을 꼭 빼닮았는데 병색이 완연한 남자가 느릿느릿 내려와 층계참에서 우리를 내려다보았습니다. 너무 화가 나서 두려움도 잊고 호통을 쳤습니다. 딩란이 분명히 나를 봤는데 도망치다니, 왜 내려와서 만나지 않는 거죠?

갑자기 뒤에 있던 여경이 그 남자에게 소리쳤습니다. "딩주, 올라가서 딩란 데려와요." 그리고 귀엣말로 알려주었습니다. "저 사람이 딩란의 형 딩주예요. 마약 전과가 있어서 파출소의 중점 관리 대상자인데 최근 소변 검사도 무단 불참했죠."

딩주가 여경에게 한껏 비굴한 웃음을 지어 보였습니다. 네, 네, 그래야죠. 근데 딩란은 일하러 가서 집에 없는데요. 진짜 없어요. 진짜, 진짜, 진짜로요! 그럼 내가 방금 본 후다닥 뛰어 올라간 녀석은 누구죠? 딩주가 딴청을 피웠습니다. 이어서 어머니가 내려와 역시 층계참에 서서 이리저리 둘러댔습니다. 딩란은 없다니까요. 진짜 없어요. 이젠 진짜 착해서 말썽도 안 부려요, 등등…….

그러던 와중에 극도로 역겨운 냄새가 계속 풍겨 나왔

습니다. 확실하지는 않지만 여러 무시무시한 화학 물질이 뒤섞인 냄새 같았습니다. 제 코로 화학 실험 보고서를 쓸 수는 없지만 메스암페타민·헤로인·카페인·알코올·담배·쓰레기 그리고 사람 몸에서 나는 악취가 한데 섞인 독성 기체 같았습니다! 올라오는 구역질을 애써 참으며 딩란이 멋대로 위반한 법규를 어머니에게 조목조목 밝혔습니다. 말을 꺼낸 김에 책망했습니다, 연배도 우리 어머니와 비슷한 딩란 어머니가 옳고 그름을 분별하지 않고 어떻게 딩란이 마약 하는 걸 감쌀 수 있죠? 심지어 함께 거짓말하고요! 심지어 만나기로 해 놓고 저를 바람맞혀요?

소란스러운 사이에도 어두운 거실에 인간 남성의 형태로 가로누운 생물은 손끝 하나 까딱하지 않았습니다. 얼굴은 보이지 않았지만, 뱃가죽이 미세하게 오르락내리락하는 모습으로 미루어 아직 살아 있는 듯했습니다. 하지만 전혀 다가가고 싶지 않았습니다. 이른 나이에 순직하기는 싫었으니까요!

분노를 가득 품은 채 딩란의 집을 나섰습니다. 차에 타는데 두 손이 부들부들 떨렸습니다. 가석방을 취소하기 위한 법적 절차를 마치는 데에는 일정 시간이 걸립니다. 그동안 딩란 어머니가 울면서 전화를 했습니다. "제발 부탁드립니다, 선생님!" 딩란이 마약에 손을 댄 뒤로 돈을 요구하고, 돈을 못 받으면 물건을 부수고 집을 엉망으로 만들며, 심지어 어머니를 구타한다는 것이었습니다. 딩란 어머니의 비굴한 말투는 지난번 무례하게 전화를 끊을 때와 딴판이었습니다. "제발요! 선생님! 선생님밖에 없어요! 부탁입니다, 선생님, 도와주세요!"

딩란은 『이십사효』에 나오는 개과천선한 효자가 아니라, 나쁜 짓만 골라 배우고 어머니에게 기생하며 어머니를 모욕하고 구타하기까지 하는 불효자였습니다. 딩란 어머니가 전화로 도움을 요청해도 이렇게 권하는 수밖에 없었습니다. "가장 가까운 친족으로서 의사를 표명해서, 딩란의 가석방을 하루빨리 취소해 달라는 청원을 넣으세요." 하지만 어머니는 딩란을 다시 교도소로 보내기가 안타깝다 운운하며 청원을 하려고 하지는 않았습니다.

줄곧 이런 식이라면 한낱 보호관찰관 신분으로 무엇을 더 할 수 있을까요? 그저 어깨를 으쓱하며 경비 회사에 딩란의 업무 현황을 문의해 주겠다고 대답했습니다. 경비 회사에서는 딩란의 이름을 듣자마자 푸념을 늘어놓았습니다. "보호관찰관 선생님! 딩란더러 제복 좀 빨리 돌려 달라고 해 주세요! 이틀 출근하고 그만두면서 한다는 소리가, 자기 엄마가 그렇게 일이 힘들고 급여가 시원찮은 일은 하지 말라고 했다는 겁니다. 멋대로 안 나오는 거야 그렇다 쳐도 제복은 저희도 돈 주고 산 거라고요!"

갑자기 『이솝 우화』에 나오는 어느 도둑과 어머니 이야기가 떠올랐습니다.

도둑이 체포되어 사흘 뒤 사형을 당하게 되었습니다. 도둑은 사형 집행 전 어머니에게 작별 인사를 하겠다고 간청해 허락을 받았습니다. 어머니가 오자 도둑이 아주아주 작은 소리로 말했습니다. "말씀드릴 게 있습니다." 어머니는 멀어서 들리지 않았습니다. 도둑이 가까이 오라고 하더니 또 아주아주 작은 소리로 말했습니다. 어머니는 이번에도 들리지 않았습니다. 세 번째로 어머니가 아주 가까이 다가와 귀를 도둑의 입에 가져다 댔습니다. 그러자 도둑이 어머니의 귀를 콱 깨물었습니다. 귀가 거의 잘릴 뻔해 주위 사람들이 모두 깜짝 놀랐습니다. 도둑이 말했습니다. "어머니를 벌한 것이오. 어릴 적 작은 물건을 훔쳐 오면 어머니가 나를 벌하기는커녕 '들키지 말라'고 신신당부했소. 어머니 때문에 지금 내가 이 꼴이 되었소."

'자애로운 어머니'가 아들 셋을 낳아서, 하나는 교도소에 갇히고, 하나는 도망가고, 하나는 곧 죽을 날을 받아

놓은, 마약쟁이 셋으로 길렀습니다. 어떤 모성애기에 이런 범죄의 온상을 만들어 낼 수 있지? 저는 자주 생각에 빠집니다.

호랑이 엄마 만세

12

"너 같은 망나니를 낳느니 차라리 달걀을 낳을 걸 그랬다! 달걀은 부치든 삶든 먹으면 그만이지. 너 이 후레자식은 내 밥을 먹고 내 집에 살고 내 것을 쓰고 내 속을 썩이더니 이 제는 마약까지 하느냐! 천하에 막돼먹은 놈!"

사내는 결혼하여 자식을 낳아 아버지가 되고 이혼까지 한, 정확히는 이혼을 '당한' 마흔이 넘은 성인이었습니다. 하지만 어머니 앞에서는 늘 어린아이였습니다. 고개를 푹 숙이고 입을 꼭 다물고 온 얼굴이 발갛게 달아오른 채 대꾸 한마디 못 하고, 저를 바라볼 엄두조차 내지 못했습니다. 어머니는 분을 이기지 못해 대상자의 귓불을 잡아끌고 나가 버릴 기세였습니다.

"어머니, 진정하세요"라는 말이 나오려는 것을 가까스로 참았습니다. 경험에 비추어 보건대 '진정'이라는 말은 대상자에게나 그 가족에게나 역효과를 불러일으키는 주문입니다. 그 말을 들으면 더 히스테릭하게 소리칩니다. "내가 지금 진정하게 생겼습니까?" 그러고는 격노합니다. 따라서 상대가 흥분했을 때 진정해야 할 사람은 저 자신입니다.

"어머니, 앉으셔요. 앞뒤 사정을 잘 모르겠는데, 어떻게 된 일인지 자세하게 말씀 좀 해 주시겠어요?"

"아이고 선생님, 제가 저 아이더러 조상님과 제 아비 신주 앞에 꿇어앉아 잘못을 뉘우치고 용서를 빌라고 했습니다. 그래서 다시는 마약도 안 하고 나쁜 짓도 안 하겠다고 다짐했지요. 그런데, 그래 놓고서! 그래 놓고서는 친구랑 밥 먹으러 나가더니 동태눈깔을 해서 옵디다. 제 어미를 바보로 안다니까요!"

마음이 무거웠습니다. 마약 범죄는 재범이 흔한데다 그 범죄가 낳은 비극을 막을 수도 없습니다. 마약 중독자의 뒤에는 적어도 하나 이상의 가정 그리고 무수히 많은 사람의 사랑이 산산이 조각난 채 널브러져 있습니다. 범죄학에서 단순 마약 투여는 '피해자 없는 범죄'라고 정의하지만, 제 생각에 그 정의는 가족, 친구 등 모든 사랑하는 이가 헤어날 수 없는 절망에 빠진다는 점을 간과했습니다.

하지만 제 생각은 중요하지 않습니다. 눈앞의 골치 아픈 문제를 어떻게 해결하느냐가 중요하죠. 담당한 사례가 얼마나 복잡하든, 보호관찰관에게 가장 중요한 점은 원인 제공자가 바로 자기 앞에 앉아 있다는 점을 늘 똑똑히 인식해야 한다는 겁니다. 대상자는 자신이 져야 할 책임을 남에게 떠넘길 수 없습니다. 복장 터지는 어머니나 갑갑한 보호관찰관이 문제를 해결해 줄 수 없습니다. 그러나 이 대상자는 예전부터 줄곧, 고개 숙이고 뉘우치거나 뉘우치는 모습을 보이기만 하면 모든 일이 해결되는 줄 알았습니다.

"아핑, 고개 들고 선생님을 보세요."

"……."

"있는 그대로 말씀하세요. 그날 대체 무슨 일이 벌어졌죠?"

"……."

"선생님, 제가 말씀드릴게요. 글쎄 이놈이……."

저는 어머니를 보지 않고 아핑만 뚫어져라 응시한 채

왼손을 들어 어머니의 이야기를 끊었습니다. "어머니, 잠시만요. 이건 아핑 본인의 일입니다. 스스로 말하게 두세요."

"아이고, 선생님, 하지만……."

"어머니, 아핑이 무슨 잘못을 했는지조차 본인 입으로 솔직하게 말하지 못한다면 어떻게 개과천선하겠어요?"

"아…… 알겠어요. 선생님 말씀이 맞아요. 선생님 말씀대로 하지요……."

어느 집이나 곤란한 사정이 있기 마련입니다. 하지만 부모가 탯줄을 끊지 못하면 자식은 성숙한 개체로 성장하여 독립할 수 없습니다. 저는 부모가 자식 대신 대답하는 것을 용납하지 않습니다. 첫째는 대상자가 스스로 어려움을 마주하도록 압박하기 위함입니다. 둘째는 부모가 자식 삶의 주인공이 아니라는 사실을 부모 스스로 직시하고, 자식이 자기 삶을 오롯이 스스로 책임지며 진정한 어른으로 거듭날 수 있게 하기를 바라기 때문입니다.

아핑이 어깨를 잔뜩 움츠린 채 슬쩍 고개를 들고 눈은 빨갛게 충혈된 채, 모기처럼 가는 목소리로 우물우물 말을 꺼냈습니다.

"선생님…… 죄송합니다……."

"죄송하다는 말만으로는 문제를 해결할 수 없어요. 먼

저 분명히 얘기하세요. 어머니가 방금 말씀하신 그날 밤, 도대체 무슨 일이 있었죠?"

"그게, 친구랑 밥을 먹으러 갔는데……."

"가서요?"

"걔가, 어, 그러니까, 그게, 그, 그러니까요…… 제가 해서는 안 될 일을 해서……."

속이 부글부글 끓어서 단전에서부터 호흡을 끌어올려 호통을 쳤습니다. "사내대장부가 자기가 한 일을 당당하게 책임져야죠. 알아들을 수 있게 똑바로 말씀하세요!"

아핑이 화들짝 놀라 황급히 털어놓았습니다. "네, 제가 마약을 했습니다. 친구 셋이랑 밥을 먹고, 그중에 한 친구네 집에 갔어요. 걔네 집 탁자에 약이 담긴 유리병이 있었고, 다른 친구가 주사기를 꺼내면서 가석방 나온 걸 축하하자고 했어요. 그러니까 걔네가 저를 대접한 거고, 나중에 그렇게 많이는 안 했는데……."

"많이는 안 했다니, 얼마나 했는데요?"

"다 같이 한 거라, 사실 정확하게는 모르겠는데, 아마 서너 봉지를 같이 썼을 거예요……."

"나중에는요?" 제가 느끼기에도 무서울 정도로 목소리를 깔았습니다.

"저, 저, 제, 제가…… 나중에도 그 친구들을 만났고, 4호 짜리로 몇 번인가를……."

"몇 번이 몇 번이에요? 정! 확! 히!" 제가 듣기에도 목소리가 더 낮아졌습니다!

"아, 저기, 어, 그, 그게, 그러니까 어제 두 봉지 사고, 엊그제 세 봉지 사고, 또, 또, 오늘은 면담 오는 바람에, 그러니까 아직, 제가, 어, 아니, 안 살게요……."

"봉지당 얼마에 샀어요?" 저는 점점 동물의 왕국에 나오는 사자로 변해갔습니다.

"다 똑같이 오백……."

"두 봉지든 세 봉지든 사면 한 번에 다 하죠?"

"아, 네……." 끄덕끄덕.

"두 봉지면 천이네요, 그죠? 세 봉지면 천오백이고. 지금 하시는 일, 하루에 얼마 받아요?"

"이천 정도요."

"전에 매일 할 때는 하루에 얼마나 샀어요?"

"많을 때도 있고, 적을 때도 있었는데, 돈 있으면 많이 사고, 돈 없으면 우는○ 수밖에……."

"많이 사면 얼마나 샀어요?"

○ 마약 중독자가 갑자기 마약을 끊거나 줄일 때 나타나는 금단 증상을 타이완어로는 '티요아'(啼藥仔)라고 한다. 여기서 '티'(啼)가 '운다'라는 뜻으로, 마약을 못 사면 그저 금단 증상을 견딜 수밖에 없다는 의미이다. 헤로인의 금단 증상은 눈물, 콧물, 구토, 설사, 식은땀, 신체 통증 등이다.

"대략 하루에 대여섯 봉지밖에는……"

"좋아요, 계산해 봅시다. 한 봉지에 오백, 하루에 여섯 봉지로 잡으면, 순수하게 헤로인 사는 데만 삼천이에요. 밥값, 기름값 같은 건 다 빼고요. 한 달을 삼십 일이라 치면, 마약값만 구만이네요! 한 달에 구만, 벌 수 있어요?"

아핑은 더 숙일 데도 없을 만큼 숙인 고개를, 희미하게 저었습니다.

"그럼 그 구만 달러는 어디서 구했죠?"

"선생님…… 다 아시잖아요, 더 묻지 마세요……."

"물어야겠어요! 지금 어머니 앞에서 똑똑하게 밝히세요, 자꾸 감추지 말고요! 당장 고개 들고, 어머니 눈을 마주보면서, 그 돈 어디서 났는지 솔직하게 말하라니까요?"

아핑 어머니는 울화통이 터져서 막말이 나오려는 것을 참았지만, 눈물은 벌써 주름살을 타고 흘러내렸습니다. 너무도 익숙한 모습입니다. 분노, 상처, 자식을 제대로 길러 내지 못한 한, 그 모든 것이 뒤섞인 쓰라림은, 짜디짠 눈물로밖에는 해소할 길이 없습니다.

아핑은 움츠러들다 못해 고개가 책상 밑으로 들어갈 지경이었습니다. 차마 어머니를 보지 못하고, 저도 보지 못했습니다. 제 눈에는 아핑 정수리의 가마 그리고 바지통 위로 떨어지는 콧물인지 눈물인지 모를 물방울만이 보였습니다. 휴지를 뽑아 어머니와 아핑에게 건넸습니다. 어머니와 아들이 이 지경으로 울어도, 보호관찰관으로서 독한 마음으로 아핑을 봐주지 않고 협박과 위협을 가득 담은 어조로 숫사자처럼 을렀습니다. "말, 씀, 하, 세, 요!"

아핑은 복받치는 울음과 흘러내린 콧물 때문에 탁해진 목소리로 털어놓았습니다. "훔쳤습니다, 어머니 금목걸이를요. 어머니한테 오토바이 고장 나서 수리해야 한다고, 다리 다쳐서 병원 가야 한다고 거짓말하고요. 다 집에서 가져다 쓴 돈이에요. 어떨 때는 어머니 지갑에서도 훔쳤어요." 어머니가 눈을 부릅뜨고 꾸짖었습니다. "뭐야! 그게 다 거짓말이었다니, 도대체 나를 몇 번이나 속인 게야? 응? 응?" 당연히 셀 수 없습니다. 마침내 아핑이 이실직고했으니, 저의 '아수라' 연기도 마무리할 때가 되었습니다. 어머니와 아핑을 한 번씩 돌아보고, 평소처럼 차분하고 냉철한 목소리로 마약에 찌든 아핑의 삶을 분석했습니다.

아핑은 일용직으로 하루에 이천 타이완 달러를 벌었습니다. 숨만 쉬고 살아도 하루에 헤로인 네 봉지밖에 사지 못했습니다. 한데 마약이라는 건 도시락처럼 먹으면 배부르고 이제 됐다, 싶어지는 게 아닙니다. 배가 엄청 고파도 하루에 도시락 서너 개를 먹으면 포만감이 들죠. 하지만 마약은 투여할수록 내성이 생겨서 투여량이 점점 늘어납니다. 당장 마약 살 돈이 있고 한 번에 다 투여할 수 있다고 해도 조금 있으면 더 많이 사고 싶어집니다. 그런데 마약을 하면 온몸에 기운이 빠지고 나른해져서 일하기 싫어지니 마약 살 돈은 더 부족해집니다.

"집에 금송아지가 수만 마리 있어도 다달이 마약 사는 데 필요한 구만 달러를 충당할 수는 없어요. 그러니까 사람으로서 차마 하지 못할 온갖 나쁜 짓을 저지른 거라고요. 스스로 잘 생각해 보세요. 만약 어떤 사람이 자기 마약 살 돈 마련하겠다고 어머니 금목걸이를 훔치고 어머니를 다치게 한다면, 아핑은 그 사람을 용서할 수 있겠어요?"

아핑이 주먹 쥔 손등으로 콧물을 닦으며 고개를 힘껏 가로저었습니다.

"나쁜 짓 할 마음 없었다는 거, 잘 알아요. 하지만 마약은 반드시 이런 결과를 불러와요. 이제 두 가지 길밖에 남지 않았어요. 가석방을 취소하고 마약 없는 교도소로 돌아가서 깨끗이 마약을 끊는 길, 아니면 일 년 반 동안 마약 중독 재활 센터로 들어가서 마찬가지로 깨끗이 마약을 끊는 길. 두 길 사이에는 애매한 중립 지대도 없고, 선택을 번복할 기회도 없어요. 게다가 오늘 소변 검사 안 했죠. 법규에 따라 경고하고 가석방 취소 절차 밟으면 그만이에요. 이미 들은 이야기를 듣고도 못 들은 척할 수는 없으니까요. 잘 생각해서 본인이 결정하고 본인이 책임지세요."

"선생님, 그치만, 솔직하게 다 인정했으니까 한 번만 더 기회를 주시면 안 되겠습니까?"

"나라에서 이미 가석방이라는 기회를 드렸잖아요. 마약 할 때 저한테 물어보고 했어요? 마약 사면서 어머니 가슴 미어지는 거 생각하고 샀어요? 기회 한 번 더 드리면 계속 마약 살 거잖아요. 그럼 언젠가는 과다 복용으로 길거리에서 쓰러져 죽든가, 돈이 없어서 마약상한테 맞아 죽을 거 아녜요. 그럼 어머니는 아들을 영영 잃는 거예요! 저는 지금 목숨을 살려드리는 거예요. 목숨 구할 기회를 드리려고 이러는 거라고요! 지금 드리는 이 기회가 바로 본인 목숨이라고요!"

이번에는 어머니가 먼저 입을 열었습니다. "아이구 선생님, 그러면 얘가 일을 못 하는데⋯⋯."

"만약 아핑이 마약을 깨끗이 끊는다면 하루에 천 달러밖에 못 번다고 해도 그 돈은 온전히 남죠. 그게 지금처럼 힘들게 번 돈을 바로 마약상한데 갖다 바치는 것보단 낫잖아요, 그쵸? 아드님을 이 나이 먹도록 키웠는데 쌀 한 톨이라도 가져와 효도한 적 있나요? 마약을 끊어서 되찾을 건강이 중요한가요, 당장 일해서 버는 돈이 중요한가요?"

"선생님 말씀이 옳습니다! 곧 죽어도 못 끊어서 교도소에 갇혀 죽느니 차라리 지금 죽는 게 낫지요! 에휴, 미친놈. 너 혼자 못 죽겠거든 이 어미랑 같이 죽자! 당장 말해 보거라, 우리 언제 죽으면 좋겠느냐! 어미랑 같이 죽자!"

"어머니, 그러지 마셔요, 죽지 마요, 우리 죽지 마요, 그런 말씀 마셔요……."

"말씀을 말긴 뭘 말라는 거냐. 내 지금 확실히 말하는데, 같이 죽든가, 아니면 선생님 말씀대로 그 재활 무슨 센터인지에 가자. 어쨌든 네 목숨은 이 어미가 준 것이니, 내가 너를 데리고 죽어도 네가 할 말은 없을 것이다. 네가 한 짓에 비하면 이렇게 곱게 죽는 것도 감지덕지. 못난 어미는 네게 진 빚이 없다. 빚은 네가 졌단 말이다!"

나중에 안 사실이지만, 아핑 어머니는 원래 건강이 좋지 않아, 예전에 중병을 앓은 뒤 스스로 목숨을 끊으려 한 적이 있었습니다. 그러니 어머니 말씀은 아핑에게 완전히 심각하게 들렸습니다.

마약범 가운데 재범을 저지르는 사람은 밤하늘에 뜨

는 별만큼 많습니다. 그러나 진심으로 끊겠다 결심해 마약 중독 재활 센터에서 일 년 반을 채우는 사람은 가물에 나는 콩만큼 적습니다. 아핑이 타이완 남쪽 끝에 자리한 핑둥의 재활 센터에 들어가 지내는 동안, 아핑의 결심을 다잡아 주려고 제가 몸이 불편한 어머니 대신 수시로 센터에 찾아갔습니다. 아핑은 갈 때마다 조금씩 나아지며 건강한 혈색을 되찾았습니다. 보호관찰 기간이 끝나 마지막으로 찾아간 날에야 제가 센터에서 유명 인사였다는 사실을 알았습니다. 센터까지 찾아온 보호관찰관은 없었기 때문이지요.

센터에서 같이 지내는 입소자들은 선생님이 챙겨 주는 아핑을 부러워했습니다. 그래서 제가 한번 다녀가면 아핑은 한동안 화제의 중심이 되었습니다. 친구들은 다들 알랑거리며 말했습니다. 아핑네 선생님 되게 젊고 아름다우신걸. 아핑이 어떻게 대답할지 궁금했습니다. 하지만 제가 묻기도 전에 아핑이 잔뜩 겁먹은 표정으로 대답했습니다. "우리 선생님은 나를 아들처럼 혼낸다니까. 어디가 아름다운지 하나도 모르겠네. 고개도 못 들 정도로 호되게 혼쭐을 낸다고! 똑같이 혼쭐이 나야 얼마나 무서운지 알지!" 마스크 안에서 웃음이 터졌습니다. 아수라 연기의 효과가 아주 직방이어서 뿌듯하기 그지없었습니다.

아핑 어머니가 아핑이 계속 재활센터에서 지내는 걸 지지해 주시도록 저는 타이완 남쪽 끝인 핑둥에서 중부 지방에 가까운 가오슝 북부까지 차를 몰았습니다. 아핑의 집으로 찾아가 아핑이 나아지는 속도가 무척 빠르다고 어머니에게 알렸습니다. 아핑 어머니는 모두 선생님 덕분이라며 아핑 가족을 구한 선생님이 천지신명만큼 고맙다고 했습니다. 하지만 저는 아핑을 진정으로 구제한 것이 모성애라고 생각합니다. 알라·예수·부처도 어머니에게는 미치지 못합니다. 어머니가 같이 죽자며 "못난 어미는 네게 진 빚이 없다!"고 하지 않았다면, 아핑도 마약을 끊겠다고 결심하지 못했을 것입니다.

세상에서 가장 다루기 힘든 마약이라는 적에 맞서 목숨을 내놓고 자식과 함께 싸워 주는 모습을 보며, 어머니는 강하다라는 말의 진정한 의미를 새겨 봅니다. 그러니 어머니, 꼭 백 세까지 장수하세요! 호랑이 엄마 만세, 만세, 만만세!

월하노인

"저 위고는 소싯적 홀로 자라 일찍 혼인해 자손을 늘리고
자 하였습니다. 한데 십 년 동안 다방면으로 배필을 구해
도 뜻을 이루지 못했습니다. 금일 이곳에서 만날 자가 사
마번방이라는 자의 여식을 소개해 주기로 하였는데 이루
어질 수 있겠습니까?" 노인이 가로되 "아니 되겠다……. 그
대의 배필은 아직 세 살이다. 열일곱 살이 되어야 시집올
것이다." "자루에는 무엇이 들었습니까?" "붉은 실이다. 부
부가 될 사람이 앉아 있을 적에 몰래 발목에 묶어 잇는 것

이다. 집안이 서로 원수를 지든, 신분 차이가 현격하든, 천애 먼 데서 벼슬하든, 오나라와 초나라만큼 멀리 떨어져 살든,○ 이 실로 엮이면 죽을 때까지 벗어날 수 없다. 그대 발목도 이미 상대와 엮였으니 다른 자를 구해도 소용없다."○2

보호관찰관은 슬픔·기쁨·헤어짐·만남을 끝없이 겪고, 세상 인심이 변하는 것을 수없이 봅니다. 옛이야기인줄로만 알았던 일들이 눈앞에서 실제로 벌어지면 놀랍기 그지없습니다. 특히 '월하노인' 같은 이야기가 그렇습니다.

타이완에 월하노인을 모르는 사람은 없겠죠. 이야기는 단순합니다. 요즘 말로 풀면 이렇습니다. 당나라 때 위고라는 남자가 살았습니다. 위고는 배필을 찾지 못하다가 어느 달 밝은 밤에 자칭 부부의 인연을 관장한다는 기이한 노인을 만났습니다. 위고가 물었습니다. 제가 왜 배필을 찾지 못하는 겁니까? 노인이 알려 주었습니다. 자네의 진정한 인연은 이제 겨우 세 살인데 열일곱이 되어야 혼인할 걸세. 위고가 장래의 배필을 보고 싶다고 하자, 노인이 내일 시장에 가면 어느 할머니가 젖먹이를 안고 있을 텐데, 그 젖먹이가 자네 장래의 배필이라고 했습니다! 이튿날 위고가 시장으

○　아주 멀리 떨어져 산다는 말이다. 오나라와 초나라는 직선으로 2천 킬로미터쯤 떨어져 있었다.

○2　중국의 고대 설화로, 당나라 때 이복언이 지은 『속현괴록』(續玄怪錄)에 등장하는 이야기가 현전하는 가장 오래된 기록이다.

로 달려가 보니 호박처럼 못생긴 아이였습니다. 저런 아이는 나중에라도 배필로 맞고 싶지 않다라고 생각하다가 저도 모르게 너무 화가 난 나머지 칼로 아이를 죽이려 했습니다. 다행히 실수하는 바람에 아이의 미간에 상처를 내는 정도로 그쳤습니다.

위고는 죗값이 두려워 도피 생활을 하다가 어느 지방의 군대에 들어가 전쟁에서 큰 공을 세웠습니다. 전쟁터에서 돌아오자 지방관이 아름다운 딸과 위고를 배필로 맺어 주었습니다. 위고가 기뻐하며 지방관의 아름다운 딸과 혼인하고 나서 보니, 아내는 미간에 다이아몬드 장식을 붙이고 목욕할 때조차 떼지 않았습니다. 연유를 묻자 아내가 눈물을 흘리며 말했습니다. 세 살 때 시장에서 나쁜 사람에게 미간을 찔렸답니다. 위고가 죄를 털어놓았습니다. 인연이란 진실로 하늘이 정한 것이니, 월하노인이 붉은 실로 발을 묶은 두 사람은 무슨 일이 있어도 떨어질 수 없습니다. 이것을 타이완에서는 '애도잡참사'愛到卡慘死, 그러니까 '죽어도 사랑할 만큼 묶인 인연'이라고 합니다.

통통한 젖먹이를 안은 사십 대 여성 대상자가 있었습니다. 그 대상자를 '귀엽다'고 하면 조금 이상하게 들릴지 모릅니다. 하지만 붉은 실로 엮인 인연을 만난 그 대상자에게는 귀엽다는 말이 아깝지 않았습니다. 그 대상자는 정년 퇴임한 동료에게서 제게 넘어왔습니다. 형기도 길고 보호 관찰 기간도 길었습니다. 하지만 스스로 지난 일을 말하지 않으면 그처럼 깜찍하고 아리땁고 눈꽃 같은 여성이 마약을 투여하고 밀매한 무기 징역수라는 사실을 상상하기 어려웠습니다.

당시 저는 보호관찰관으로 임용된 지 얼마 되지 않았지만, 샤오훙은 벌써 육칠 년이나 보호관찰을 받아서, 보호관찰 업무 규정과 요령에 저보다 밝았습니다. 하지만 새내기 보호관찰관에게 불만은 없었습니다. 불만 따위를 표출할 시간조차 없었습니다. 면담은 늘 제시간에 왔지만 정신없이 왔다가 정신없이 가고, 돌도 안 지난 통통한 아들을 안고 오기도 했습니다. 아들은 당연히 가만히 있지 않고 면담실에서 엄마의 머리카락을 입에 넣거나 제 볼펜을 쥐고, 쥘 물건이 없으면 울음을 터뜨렸습니다. 그래서 샤오훙도 젖을 먹여야 할 것 같다며 서둘러 집에 가려 했습니다. 젖먹이가 검찰청이 떠나가라 울며 눈물 콧물 범벅이 되니, 면담하라고 붙잡을 도리가 없었습니다. 그래서 꽤 오랫동안 샤오훙을 제대로 이해할 기회를 잡지 못했습니다.

그날도 샤오훙이 아이를 안고 왔습니다. 아이는 올 때

마다 바람 넣은 풍선처럼 조금씩 자라 있었습니다. 처음에
는 미쉐린 타이어 마스코트인 비벤덤의 축소판처럼 생긴
아기가 샤오훙의 무릎에 얌전히 앉아 있었습니다. 하지만
토실토실한 몸을 샤오훙의 가녀린 몸 위에서 이리저리 움
직이니, 샤오훙은 이리 돌아앉고 저리 돌아앉아도 도무지
대화에 집중할 수가 없었습니다. 젖먹이가 동그랗고 촉촉
한 눈망울로 자꾸만 저를 쳐다보니 저도 대화에 집중할 수
없었습니다.

　　샤오훙을 탓할 수는 없었습니다. 하지만 면담이 늘 이
런 식이라 달갑지 않았습니다. 그래서 아이를 집에 두고 왔
으면 한다고 말했습니다. 샤오훙은 쓴웃음을 지었습니다.
남편과 시어머니가 돌봐주기는 하지만 자기가 없으면 울며
불며 자기를 찾아서 아무리 달래도 소용없다는 것이었습니
다. 그러니 남편이 함께 와도 십 분 만에 아이를 자기가 안
아야 했습니다…… 그 이야기가 끝나기 무섭게 아들이 으
앙 울음을 터뜨렸습니다. 아이를 안고 일어나 이리저리 걸
으며, 이래야 아이가 떼쓰지 않는다고 했습니다. 마침 그날
마지막 면담이라 아예 펜을 내려놓고 샤오훙과 밖으로 나
왔습니다. 토실토실한 아기는 체면을 세워 주는 듯 그제야
울음을 그쳤습니다. 저도 그제야 샤오훙과 남편의 직업, 가

정생활에 관해 이야기를 나눌 수 있었습니다.

시어머니는 샤오훙을 무척 아꼈습니다. 결혼 전 이미 전과를 알았고 교도소에 면회를 오기도 했습니다. 결혼 후에도 고부 관계가 무척 가까운 보기 드문 사례였습니다. 평범한 가정에서도 고부 관계가 원만하기 어려우니, 대상자의 가정에서는 더욱 드물었습니다. 차에서 기다리는 샤오훙의 남편에게 인사한 뒤, 직업적으로 민감하다 보니 샤오훙에게 묻고 말았습니다. 남편도 전과가 있나요? 샤오훙이 민망한 듯 웃었습니다. "있긴 있는데…… 그게 저 때문에……" 막 이야기를 하려는데 젖먹이가 또 울음을 터뜨렸습니다. 솟아오르는 호기심을 꾹 누르며 다음 면담을 기다리는 수밖에 없었습니다.

옥황상제가 보기에도 보호관찰관이 가여웠나 봅니다. 드디어 샤오훙이 혼자 온 걸 보면요. "아들은 차에서 잠들었어요." 기회를 놓치지 않고 물었습니다. 남편의 전과가 왜 샤오훙 때문이에요? 샤오훙이 이야기를 풀어놓았습니다. "저희는 같은 중학교를 나왔어요. 제가 중학교에 입학할 때 남편은 3학년이었죠. 저는 신입생이라 반 친구들이랑 다 같이 운동장을 가로지르는데 구경하는 남학생들 사이에서 남편이 저를 가리키며 소리쳤어요. '난 쟤랑 결혼한다!' 남학생들이 남편을 비웃었죠. 여학생들은 남학생들이 시시덕거리니 부끄러워서 얼굴을 붉힌 채 고개를 숙이고 있었어요. 그래서 사실 그때는 남학생들이 무슨 소리를 하는지도 몰랐어요. 남편은 중학교를 졸업하고도 계속 저를 찾아왔고, 마침내 저희는 사귀게 되었지요……. 그때 제가 아직 만 열여섯이 안 되었을 때라, 남편은 저희 아버지에게 고발을 당했어요. 저는 남편이 마음에 쏙 들었지만, 아버지는 남편을 용서하지 않았어요. 남편이 이삼 년인가 징역을 살면서 저희는 헤어졌죠……."

샤오훙의 이야기가 흥미진진했습니다. 장면을 상상하며 저도 모르게 입꼬리가 올라갔습니다. 다행히 마스크를 끼고 있었습니다. 드라마 같은 이야기를 자꾸 듣고 싶은 프로답지 못한 태도를 감추려고 서둘러 물었습니다. "헤어졌는데 어떻게 다시 만나 결혼까지 했어요?"

"남편이 형기를 채우는 동안 저도 다른 남자친구를 사귀었어요! 남편도 출소해서 다른 여자친구를 사귀었고요. 그런데 둘 다 오래가지 못했죠! 그러면서도 친구 관계는 유지했고 동창들하고도 같이 아는 사이라서 가끔 연락도 했어요. 그러다 제가 연락을 끊어서 남편이 저를 못 찾았죠. 마약을 하다가 끊다가 팔다가 하느라 바빴던 데다가 딜러랑 같이 살았거든요. 마약 한다는 사실을 남들에게 알리고 싶지 않은데 어떻게 남편한테 연락할 수 있겠어요! 마약을 팔다가 금방 걸려서 교도소에 들어간 뒤에, 남편이 계속 동창이나 다른 친구 통해서 제 소식을 묻고 다녔나 봐요. 1급 수감자◎가 되어 면회할 수 있게 되니까 툭하면 찾아와서 저를 점점 홀리더니……. 출소하던 날 기어이 마중을 나와서 자기 집으로 데려가지 뭐예요!"

"그러니까 남편이 샤오훙을 꾸준히 좋아하면서 기다린 거네요? 마약을 하고 징역까지 살았는데도요?" 마음이 훈훈해졌습니다. 완전 순정 만화잖아요! 현실을 돌아보면 대상자들은 사랑이나 결혼이나 깨지는 일이 많고, 관계가 안정적인 경우가 적습니다. 교도소 수감 중에는 그런 상황이 더 두드러집니다. 대부분 남성이 복역하는 동안 여성을 고생시키거나, 여성이 복역하는 동안 남성이 떠납니다. 샤오훙의 남편은 보기 드문 순정남이지요!

샤오훙은 고개를 숙인 채 말없이 웃었습니다. 뺨이 발그레 달아올랐습니다. 표정이 모든 것을 말해 주었습니다. 이것이야말로 진정한 사랑이 아닐까요? 면담실에서 월하

◎   타이완 『형사 집행 누진 처리 조례』(行刑累進處遇條例)에서는 교도소 수감자를 네 등급으로 나누고 교화, 작업 등 성과에 따라 상벌점을 부여하여 4급에서 1급까지 천천히 올리도록 규정한다. 등급에 따라 면회, 편지 수발신 허용 횟수가 다르다. 4급은 최대 매주 1회, 3급은 최대 매주 2회, 2급은 최대 3일에 1회이다. 1급은 횟수를 제한하지 않는다. 한국에서도 2023년 1월 현재 비슷한 등급제를 시행한다. ― 옮긴이 덧붙임

노인의 붉은 실을 만난 것이야말로 놀라운 일입니다!

　늘 그랬듯 샤오훙은 계속 평안하고 건강하게 면담에 출석했습니다. 마약에 전혀 손대지 않고 지난 전과의 수치와 어두운 과거를 잊으려 노력했습니다. 면담할 때마다 햇살처럼 유쾌한 기운이 가득했습니다. 일·가정·육아 등 어떤 이야기를 나누든 다른 사람이 들으면 자매끼리 수다를 떤다고 착각할 정도였습니다. 샤오훙은 모두 솔직하게 털어놓았습니다. 자신이 징역을 살았다는 사실을 차마 말할 수 없어서 아는 사람과 이야기할 때는 특별히 조심했고, 친구를 편하게 사귀지 못했습니다. 그러니 마음을 터놓을 사람이 없었습니다. 하지만 저와 이야기할 때면 무슨 일이든 거리낌 없이 이야기하고 걱정도 나누었습니다.

　당연히 저도 여성으로서 최대한 힘을 보탰습니다. 이런 '우먼 파워'는 샤오훙도 익숙했습니다. 여성 교도소에서도 있었으니까요. 그러나 샤오훙은 교도소 친구들과 다시 연락하고 싶지도, 그곳으로 다시 돌아가고 싶지도, 복역하던 시절을 떠올리고 싶지도 않았습니다. 반면 저는 엇갈리거나 부딪혀야 하는 신분이지만 오히려 샤오훙이 편안해했습니다. 샤오훙은 비슷한 또래인 저를 '평범한 중년 여성으로 사는 법'의 표본으로 삼았습니다. 그래서 면담 시간에 과거 이야기를 하긴 하지만 과거와는 완전히 다른 상황이기 때문에, 샤오훙은 면담실에서 가장 편안하고 자유로웠습니다.

　토실토실한 아기도 자꾸 만나니 저를 알아보았습니다. 면담실에서 덜 울고 갈수록 귀여워졌습니다. 때로는 제 품에 안기려고까지 했습니다. 무거운 젖먹이는 활력이 넘치고, 폭신하고 희고 통통한 몸이 제 품에 따뜻하게 파묻혔습니다. 걸핏하면 손가락을 빨고 침을 흘리며 '맘맘맘마'하는 소리를 냈습니다. 면담이 끝나면 조막만 한 손으로 저에게 키스를 날리기도 했습니다. 보호관찰 업무에서 접하기 힘든 이런 '여가 활동'은 마음이 지칠 때 잠시나마 순수한 기쁨을 주었습니다. 샤오훙에게 면담은 영혼의 휴식이었고 저에게도 마찬가지였습니다. 때로 인생의 인연은 상상을 초월하고, 타인의 인연 또한 자신의 인연을 변화시킵니다. 그 반대도 마찬가지입니다.

　그 뒤 갑작스럽게 저는 다른 지점으로 발령을 받았습니다. 보호관찰관이 바뀐다는 소식에 샤오훙이 처음으로 제 앞에서 눈물을 보였습니다. 닭똥 같은 눈물이 손바닥처럼 작은 얼굴 위로 소리 없이 흘렀습니다. 저도 마음 한구석이 저미는 듯했습니다. 샤오훙을 위로하며 할 수 있는 한 저

없는 면담에 적응하도록 돕겠다고 했습니다. 샤오훙이 저없이도 지금처럼 잘할 수 있으리라는 것을 믿고 또 알았습니다. 어쩌면 그때는 새내기라 보호관찰관의 진정한 업무가 지도 감독이나 가석방 취소가 아니라 자기 영혼의 어느한 부분을 연료로 삼아 대상자 인생의 어두운 곳을 밝혀 주면서도 아무렇지 않은 척하는 일이라는 것을 알지 못했는지도 모르겠습니다.

그 뒤 몇 년 동안 대상자 몇 백 명을 면담하고 낯익은지검으로 돌아왔습니다. 동료가 담당한 샤오훙은 역시 잘하고 있었습니다. 어느 날 동료가 기쁘게 말했습니다. 오늘이 샤오훙의 마지막 면담인데, 제가 돌아왔다는 소식을 들었다며 저를 만나 드디어 졸업하는 자신을 축하해 달라고했다는 것이었습니다! 저는 곧장 면담실로 달려 내려가 여전히 가녀리고 어여쁜 샤오훙을 만났습니다. 샤오훙은 소녀처럼 부끄러워 얼굴을 붉히면서 즐겁기도 한 복잡한 표정으로 눈시울을 붉혔습니다…….

그것이 마지막 만남이었습니다. 제가 샤오훙에게 해준 가장 큰 축하의 말은, 절대로 여기서 다시 만나지 말자는것이었습니다! 샤오훙도 엄숙하게 맹세했습니다. 선생님은 절대 여기서 저를 다시 만나지 못할 거예요. 샤오훙이 밖에서 기다리던 남편과 함께 떠나는 행복한 뒷모습을 보며 입구에 서 있던 저는 갑자기 웃음이 났습니다. 두 사람이 헤어지며 하는 가장 따스한 다짐이 절대로 다시는 만나지 말자는 것이라니, 아마 보호관찰관 같은 사람에게나 통하는 이상한 논리가 아닐까요? 한참 웃다 보니 마스크가 눈물에 젖어 들었습니다…….

논두렁 위 돈다발

좁디좁은 논 사잇길은 끝없는 벼의 물결로 이어지고, 에메랄드빛 볏잎이 미풍 가운데 조수처럼 가볍게 일어났다 누우며 곧 속이 꽉 찰 금빛 이삭을 살짝살짝 드러냅니다. 나이 지긋한 농부가 풍년의 기쁨을 참지 못하고 입꼬리를 한껏 올리며, 불깐 닭은 배불리 먹을 수 있겠으나 사향오리는 아이들 몸보신하기에 모자라겠다고 어림합니다. 아 참! 짬밥을 먹여 귀하게 기른 맛좋은 흑돼지는 곧 내다 팔 수 있겠군요. 올해는 새끼 돼지를 얼마나 사들여야 할까요? 넉넉히 사야 할 것 같습니다…….

"경찰이 왔어요! 지검으로 이송해요! 교도소로 보내서 형을 집행한대요! 아버지가 수감됐대요!"

농부의 아내·아들·딸·손자들이 울음을 터뜨렸습니다. 무슨 일이 일어났는지 아무도 몰랐습니다. 농부는 마을에서 존경받는 어르신으로 평생 밭 갈고 씨 뿌리고 돼지 먹이는 일 말고는 아내와 함께 자식 낳아 기른 것밖에 없었습니다. 평범하기 그지없는 삶을 살았는데 도대체 무슨 나쁜 짓을 해서 잡혔을까요? 어르신의 먼 친척이 민의 대표 선거에 출마했는데 당선 가능성이 낮다는 이야기를 들었습니다. 오래전 어르신을 챙겨 준 친척이었습니다. 어르신은 친척이 선거에서 떨어질까 염려하다가 근처 선거구에서 흔히 쓰는 방법을 떠올렸습니다. 표 사재기!○

하늘에 기대 먹고사는 농부라 수입이 쥐꼬리지만, 어르신은 어찌어찌 현금 십만 타이완 달러를 마련해 가방에 담았습니다. 그리고 논두렁에서 친구에게 가방을 주고 표 사재기를 부탁하기로 했습니다. 친구도 순박한 농부라 표 사는 기술이 안 좋아서였는지, 아니면 뇌물을 단속하는 기술이 너무 좋아서였는지는 몰라도, 고작 돈을 절반 썼을 때 붙잡혔습니다. 시골 사람이라 정부 기관에서 나온 사람을

○ 금권 선거, 즉 유권자에게 금품이나 향응을 제공하며 자신 또는 자신이 지지하는 후보에게 투표를 권하는 행위를 타이완에서 속되게 이르는 말이다. 돈을 들여 표를 사는 셈이므로 '표를 산다'라고 한다.

보고 긴장해, 검찰이 몇 마디 심문할 것도 없이 모든 것을 털어놓았습니다. 당연히 어르신은 주모자로 옥살이하는 신세가 되었고 표를 산 친구는 '공범 증인'으로 옥살이하는 화는 간신히 면했습니다.

'나쁜 사람'을 너무 많이 만나서 사고방식이 사악해졌는지, 저의 첫 반응은 이랬습니다. "그럼 남은 돈은 표 산 친구가 꿀꺽했겠네요?" 어르신은 당연하다는 듯이 대답했습니다. "아뇨, 저한테 돌려줬습니다." 남은 돈을 돌려받은 과정을 들으니 웃을 수도 울 수도 없었습니다. 어르신이 교도소에 들어가자 친구가 직접 면회를 와서 남은 돈을 몽땅 영치금으로 넣어 주었다고요!

어르신은 친구도 친척도 원망하지 않았습니다. 법 집행이 너무 엄하다고 탓하지도 않았습니다. 힘든 옥살이 중에도 오로지 벼를 언제 수확해야 할지, 늙은 아내에게 탈곡기 쓰는 법을 어떻게 가르칠지만 생각했습니다. 어르신이 이야기를 풀어놓으며 크고 투박한 손으로 눈물 콧물을 훔쳐 바지에 닦았습니다. 제가 얼른 휴지를 건넸습니다. 어르신이 휴지를 받아 든 손을 파르르 떨며 표정이 더욱 어두워지더니, 다시 어쩔 줄 모르고 눈물을 쏟았습니다. 저는 깜짝 놀랐습니다. 어째서 휴지를 받고 더 슬퍼하지? 그만 울고 천천히 이야기하시라 청했습니다. 어르신이 한참을 우물 거리다 입을 열었습니다. "교도소에 갇힌 것만으로도 이미 무서워서 죽는 줄 알았는데, 다들 내가 나쁜 사람인 양 사납 게 캐물었어요. 그런데 선생님은 이렇게 살갑게 대해 주시 다니요!"

어르신의 놀라움과 두려움도 눈물과 함께 말랐나 봅 니다. 면담은 어느덧 유쾌한 일이 되었습니다. 어르신은 흑 돼지가 왔다며 자랑했습니다. 특히 사료 대신 짬밥을 먹여 키웠다고요! 짬밥을 먹이는 게 뭐가 대단하지? 나름대로 농 축산을 좀 안다고 자부하는 저는 이상하게 여겼는데 어르 신은 더 자랑스러워했습니다. 짬밥 먹인 돼지가 훨씬 실해 서 비계도 무르지 않고 살도 알차다며, 먹어 보면 안다고 했 습니다. 자기는 거기에 파인애플 껍질과 꼭지까지 먹인다 고요! "파인애플 꼭지는 날카롭고 단단한데 돼지가 어떻게 먹죠?" 어르신이 자신 있게 말했습니다. "보면 압니다!"

머나먼 시골 마을까지 자동차로 한참을 달렸습니다. 흑돼지가 파인애플 꼭지를 어떻게 먹나 보려고……가 아니 라, 보호관찰 대상자 가정 출장 면담을 위해서요. 어르신은 문패도 없는 집에 살았습니다. 호적지는 근처 아들의 집이 었습니다. 아무리 헤매도 찾을 수 없었습니다. 갑자기 저 앞

좁은 길에 조립식 농기계가 나타났습니다. 길 입구에 있던 저는 지나가지 못할 것 같아 기다렸습니다. 농기계도 반대편 입구에서 한참을 기다렸습니다. 마치 검은 양과 흰 양이 반나절 동안 서로 양보하며 다리를 건너지 않은 이야기 같았습니다! 이윽고 농기계가 천천히 움직여 제 옆을 지날 때 깜짝 놀랐습니다. 어르신이 아니겠어요!

어르신 부부가 논에 가다가 저를 만나자 뛸 듯이 기뻐하며 집으로 초대했습니다. 사모님은 한창 논일하는 큰딸, 근처에서 일하는 큰아들, 집에서 쉬는 작은딸, 멀리서 일하는 작은아들에게 신나게 전화를 돌렸습니다……. 가장 먼저 도착한 큰딸이 잔뜩 흥분했습니다. "얼른 누구누구한테도 전화해요, 와서 젊은 선생님 보라고!" 제가 황급히 말렸습니다. 온 가족이며 친구며 남녀노소가 판다 구경하듯 모두 모여 한바탕 잔치를 벌일까 봐 말입니다. 보호관찰 대상자를 출장 면담하면서 여섯 명이나 동석하기는 처음이었습니다.

어르신의 가족은 잔뜩 신이 나서 친절하게 크고 작은 가축을 구경시켜 주었습니다. 첫 번째는 자기 말이 틀리지 않았다는 것을 증명하는 흑돼지였습니다. 중간 크기, 아담한 크기의 흑돼지들이 축사 울타리로 모여들어 입을 삐죽 내밀고 뭐 맛있는 게 왔냐며 겁이 날 정도로 꽥꽥거렸습니다. 저를 물면 어쩌죠? 큰 녀석이 토실토실 살이 오른 모양이, 정말로 파인애플 꼭지를 먹여 기른 것이었습니다! 파인애플 꼭지가 바닥 여기저기 굴러다녔습니다. 큰 녀석은 일어날 생각도 안 하고 거만한 자세로 드러누워 '도시 촌뜨기'인 저를 흘겨보았습니다. 머리가 좋아서 누가 더 무서운지 알아보는 모양이었습니다.

다음은 닭장이었습니다. 어르신이 손수 기른 수탉은 얼마나 맛있는지, 먹어 본 사람은 반드시 그 맛이 생각난다고 했습니다. 시장에서 파는 사료 먹인 닭은 이제 못 먹는다고요. 게다가 여기 닭들은 팔지 않고 선물만 하니, 이번 설에는 제게 한 마리 잡아 주겠다고 했습니다! 저는 하하하 웃으며 완곡히 거절했습니다. 어르신이 보증하는 닭고기 맛이 얼마나 좋을지 충분히 알겠지만 공직자 신분으로 통통한 닭을 선물로 받을 수는 없었습니다. 그래도 따스한 시골 인심에 무척 감동했지요.

어르신의 집에는 동요 「Old MacDonald Had a Farm」○2처럼 닭·오리·물고기·새우·공작이 다 있었습니다! 오리는 엉덩이를 씰룩이며 여기저기 뒤뚱뒤뚱 비집고 다니고 꽥꽥 노래를 불렀습니다. 배가 고프면 연못에서 물고기를

○2　우리나라에도 '그래 그래서' '동물 농장' '이아이아오' 등 여러 제목으로 알려진 영국 동요이다.

잡아먹고 목욕하고 깃털을 다듬고 고개를 푸르르 털고 긴 목을 흔들며 득의양양한 표정을 지었습니다. "녀석, 거만하기는!" 하고 핀잔하고 싶었지만, 저렇게 유쾌한 삶을 부러워하면 오리에게 지는 것이었습니다!

　　파란 공작은 다른 사람이 기르다가 어르신 부부에게 주었습니다. 온몸에 에메랄드빛·쪽빛·칠흑빛 깃털을 두른 공작은 햇빛을 받아 반짝였습니다. 화려한 꼬리깃털을 길게 늘어뜨린 채 이리저리 걸어 다니다가, 낯선 사람을 보고 개처럼 큰 소리로 짖어서 저를 깜짝 놀라게 했습니다. 공작의 색동옷은 아름답기가 마치 보석이 변한 비단실로 짠 듯한데, 울음소리는 기괴해서 같은 동물이 맞는지 믿기 어려울 정도였습니다. 어르신의 가족들은 공작을 구슬려 제게 멋진 깃털을 펼쳐 보여 주려 했습니다. 하지만 녀석은 호락호락하지 않아서 여기 숨고 저기 숨으며 저를 정면으로 보지 않아서 사람들을 민망하게 했습니다. 저는 자조했습니다. "오늘 별로 예쁘게 안 입고 와서 그렇구나!" 그렇게 한참 요란을 떤 뒤 '동물원' 구경은 순조롭게 막을 내렸습니다. 어르신이 가축을 보여 주며 뿌듯해하는 모습에 저는 감동하기도 했지만 조금 애잔했습니다. 이번 사건이 아니었다면 그 한가로운 농촌 생활은 얼마나 평화롭고 행복했을까요!

　　가장 말단에서 법을 집행하는 보호관찰관은, 대상자가 왜 이렇게 기소를 당하고 이런 판결을 받았는지 간섭하지도 않고, 간섭할 자격도 없습니다. 오직 보호관찰 대상자의 상태에 따라 가장 적절한 처우를 할 뿐입니다. 제가 처음 어르신을 대상자로 받은 원인은 논두렁 위 돈다발이었습니다. 하지만 보호관찰 업무에서는 어르신의 마음을 위로하고자 애쓸 뿐이었습니다. 그는 곧 스스로 논으로 돌아가 수많은 돈을 심어 길러냈습니다.

오래된 영화

영화 관람을 취미로 삼는 사람이 많습니다. 하지만 저는 영화에 전혀 흥미가 없습니다. 어쩌면 일하면서 늘 다른 사람의 눈물과 땀, 심지어 피가 섞인 삶의 영화가 눈앞에 펼쳐지기 때문인지도 모르겠습니다. 대다수의 보호관찰 대상자가 단편 영화를 연기하고, 일부의 보호관찰 대상자는 장편 영화를 연기하는데, 이 '라오쩨이'는 혼자서 여러 편의 블록버스터 대작을 연기했습니다.

'라오쩨이'老賊란 '도둑'이라는 뜻인데, 타이완에서는

사람을 헐뜯는 말로도 쓰죠. 하지만 저는 이 말을 그 대상자의 경력과 직업을 구체적이고, 적확하고, 정확하게 묘사하는 말로 씁니다. 이 대상자는 존경받을 만한 '라오쩨이'였습니다. 첫 면담에서 나이에 눈길이 갔습니다. 쉰아홉, 일반 직장인이라면 정년퇴임할 나이에 절도죄로 가석방이라니요. 흔히 이 나이의 절도 사건은 시골에서 남의 자전거를 끌고 가거나, 유랑하다 컵라면을 훔쳐 먹는 따위의 집행유예 건입니다. 대부분은 세 달에서 다섯 달 정도 보호관찰을 받으며 하소연하거나, 투덜대거나, '젊은 선생'에게 고마워하다 끝납니다. 라오쩨이는 교도소에서 십 년 가까이 지내고 보호관찰 사 년을 더 받아야 했습니다. 자세히 살펴보니 정말 전문가급의 도둑이었습니다!

만약 범죄에도 전문 기술 인력이 있다면 라오쩨이는 절대적으로 최고 등급 인재인데다, 영화에 나오는 것처럼 휘황찬란한 경력을 자랑했습니다. 다만, 영화가 끝난 후 팝콘 부스러기로 엉망이 된 영화관의 모습이 라오쩨이 삶의 제2막이었습니다.

흰머리가 듬성듬성 보이고 세월이 묻어나는 얼굴로 허리를 꼿꼿이 펴고 면담실 입구에서 기다리다, 차례가 되자 들어오기도 전에 차렷! 거수경례! 큰 소리로 "안녕하십니까!" 소리쳐서 저를 깜짝 놀라게 했습니다. 무슨 『보고반장』○ 시리즈도 아니고, 그냥 들어와 앉으면 될 일이지 웬 예스럽고 요란한 의식인지요. 첫날만 그런 줄 알았더니 면담하러 올 때마다 그랬습니다. 마치 예전 영화관에서 영화 시작 전 반드시 일어서서 국가를 불렀던 것처럼, 아무리 말려도 반드시 경례를 붙였습니다. 결국 아버지뻘 되는 대상자가 경례하도록 두는 수밖에 없었습니다.

라오쩨이의 삶은 영화보다 더 스펙터클했습니다. 어린 시절은 아버지가 "전국의 부두를 바람처럼 누비는" 조폭 영화였습니다. 홍콩에서 태어나 초등학교에 들어갈 나이쯤 선원인 아버지에게 이끌려 타이완 지룽 항구로 갔고, 그때부터 자기 앞가림은 자기가 했습니다. 아버지는 배를 타고 돌아다니느라 아들을 가르친 적이 없었고, 어머니는 만난 기억조차 없었습니다. 라오쩨이는 똑똑해서 말재주와 임기응변 등 온갖 생존 기술을 익혔습니다. 어릴 적에 얼마나 고생했는지 자세히 말하려 하지는 않았습니다. 청년기에 접어들어 처음이자 마지막으로 가진 제대로 된 직업은 방문판매원이었습니다. 뛰어난 말재주로 여러 부유한 저택을 드나들며 화려한 장식품·고상한 골동품을 보았습니다. 그러다 보니 물건을 사 달라고 부탁하고 다니는 것보다

○   타이완의 대중 군사 교육용 영화이다.

'알아서 해결'하는 게 낫겠구나 싶었습니다!

　　라오쩨이는 절도로 살길을 찾으면서 지능형 범죄 수법을 선택했습니다. 자물쇠·방범 시설·도주 경로·집주인의 일과·경찰의 근무 현황·이웃 관계 등 모든 정보를 철두철미하게 파악한 뒤에야 일에 착수했습니다. 낮에 골동품 가게 손님으로 가장해 주인과 즐겁게 이야기를 나눈 뒤 밤에 방범 장치를 풀고 '제집 안방'처럼 들어가기도 했고, 때로는 낮에 강아지와 산책하는 척하며 주변 환경을 자세히 관찰하고 밤에 일을 나서기도 했습니다. 제가 바보같이 물었습니다. "강아지도 안 기르면서 무슨 강아지랑 산책을 해요?" 라오쩨이가 웃음을 참으며 예의 바르게 대답했습니다. "아무 집 강아지나 대충 봐서 안 짖고 순할 것 같으면 데려오는 거죠. 지형 다 살피고 나면 도로 묶어다 놓고요. 그럼 강아지도 엄청 좋아해요!" 특별히 말 잘 듣는 녀석에게는 '협력'한 포상으로 닭다리를 주기도 했습니다.

　　정확하게 자물쇠를 해체하고 손놀림이 깔끔했던 라오쩨이는 속도와 기술로 온 타이완의 자물쇠를 섭렵하고 나서 홍콩까지 원정을 갔습니다. 라오쩨이가 아주 자랑스럽게 말했습니다. "시중에서 구할 수 있는 금고 중에 제가 삼 분 안에 못 따는 것은 없어요!" 저는 제 책상 위의 자물쇠를 가리키며 물었습니다. 얼마나 걸려요? 라오쩨이는 평소와 달리 볼 것도 없다는 표정으로 피식 웃었습니다. "선생님, 지금 장난하십니까?"

라오쩨이는 교도소를 거듭 드나들며 '명성'을 쌓았습니다. 교도소 생활은 오히려 라오쩨이에게 휴식과 재충전의 기회였습니다. 라오쩨이는 무슨 대단한 비밀이라도 알려주듯 속삭이며 이야기했습니다. 한번은 교도소의 금고 열쇠가 보이지 않는데 직원들이 급하게 자료를 꺼내야 해서 '전문가'에게 신세를 지는 수밖에 없었답니다. 그렇다고 날카로운 도구를 줄 수도 없어서 『감옥풍운』監獄風雲○2을 찍었습니다. 라오쩨이는 클립 두 개를 달라고 해서 20초 만에 금고를 딴 뒤 친절하게 클립을 원래 모양으로 만들어 돌려주었습니다. 자신을 둘러싼 간수들의 경악한 표정을 소탈하게 감상했습니다. 교도관 한 사람이 벌어진 입을 겨우 다물고 언어 능력을 회복한 뒤 다시 입을 열었습니다. "당신……." 라오쩨이가 곧장 이어질 걱정의 말을 끊었습니다. "탈옥은 안 할 겁니다!"

절도 수확은 풍족했지만 과정은 무척 고됐습니다. 교도소에서 충분히 휴양하고 나와서는 실사판 『캐치 미 이프 유 캔』Catch me if you can○3을 찍었습니다. 1970~1980년

○2　교도소에서 생활하는 수감자 이야기가 비중 있게 나오는 홍콩 영화이다.
○3　어린 시절부터 여러 신분으로 위장해 사기를 치며 살아온 사기꾼의 실화를 각색하여 다룬 스티븐 스필버그 감독의 영화이다.

대 홍콩에 갈 수 있는 타이완 사람은 상당히 좋은 대우를 받았습니다. 홍콩 출생이라는 배경과 '무자본 사업'이라는 특기를 이용해 홍콩에 골동품 회사를 세우고 컬렉션을 운영했습니다. 세계 각국을 퍼스트 클래스로 누비며 온갖 골동품을 전부 '면세'로 들여왔습니다! 희귀품을 확실하게 인계할 뿐만 아니라 가치와 진품 여부까지 판별할 수 있었습니다. 제가 예술품 보는 눈이 없어서 아쉬웠습니다. 도감 하나 들고 가르침을 청했더라면 타이완 고궁박물원○4을 구석구석 둘러보는 것보다 훨씬 나았을 텐데요.

『캐치 미 이프 유 캔』을 찍는 동안 클래식한 멜로 드라마와 카사노바의 갈등도 섞여 있었습니다. 순결하고 우수한 백의 천사를 쫓아다닌 것입니다. 두 사람은 뜻이 맞아 결혼한 뒤 아이까지 낳았습니다. 경찰이 실탄을 장전한 총을 들고 들이닥친 날에야, 백의 천사는 자신이 결혼한 사람이 그 사람이 아니라는 사실을 알았습니다! 실사판 『007』 영화가 눈앞에 펼쳐졌습니다. 여권도 여러 개고 이름도 모두 달랐습니다. 사진은 같은데 이름은 전부 그 사람이 아니었습니다!

영화에는 남주인공이 교도소에서 늙어 가는 모습은 나오지 않습니다. 영화에는 여주인공이 아이를 돌보며 고

○4　한국의 국립중앙박물관과 비슷하게 타이완을 대표하는 국립박물관이다.

생스러운 나날을 보내는 모습은 나오지 않습니다. 라오쩨이는 가석방된 이후 죄책감을 가득 안고 이혼한 여주인공을 찾아갔습니다. 백의 천사는 여전히 천사였습니다. 라오쩨이가 '아이 아빠' 역할을 해 주고, 두 사람의 생활 속으로 녹아들기를 원했습니다.

사람이 늙으면 가정의 온기를 그리워하게 됩니다. 라오쩨이가 자식을 사랑하는 마음은 말과 표정에 드러났습니다. 대지 위로 봄바람이 불면 초목이 싹을 틔우고 새가 노래하듯, 라오쩨이가 눈으로 활짝 웃으며 했던 말을 하고 또 했습니다. "선생님, 제가 말씀드렸던가요, 제 딸이요, 어찌나 귀여운지요, 고 녀석이 그날⋯⋯." 라오쩨이가 몇 번을 이야기하든 저는 싫어하는 기색을 비치지 않았습니다. 그 사랑을 아니까요, 아버지의 사랑, 할아버지의 사랑, 하나뿐인 소중한 사랑을요. 그 사랑을 '뽐내는' 유일한 대상이 저였습니다.

얼마 뒤 라오쩨이가 암 진단을 받았습니다. 수술은 성공했지만 늘 한탄했습니다. "이게 다 업보입니다!" 교도소에 그렇게 오래 살면서도 괜찮더니, 자식에게 아버지로 인정받자마자 '폐인'이 되다니요! 설상가상으로 입원해서 재검진을 받을 때 다른 만성질환이 또 발견되었습니다. 노인이라면 만성질환은 흔한 일이지만, 라오쩨이에게는 절망이었습니다.

의학 전문가로서, 백의 천사는 남편에게 생활 수칙을 정해 주었습니다. 라오쩨이는 겉으로는 따랐지만 속으로는 하기 싫은 이유가 백만 개도 넘었습니다. 질병 외적인 일이라서인지, 아니면 원래 그런 태도였던 건지, 애초에 '자신의 전공'을 포기할 수 없어서였는지는 몰라도, 또다시 사건에 연루되었습니다. 사건의 진실이 도대체 어떻게 된 것인지 물었지만, 라오쩨이의 이야기와 판결 결과는 전혀 달랐고, 건건이 유죄로 확정되었습니다. 한 건 한 건 사건이 쌓여 네 건이 넘어간 뒤로는 어떻게 된 일인지 물을 힘도 없어졌습니다.

가석방 취소는 어차피 해야 한다는 사실을 우리는 모두 알고 있었습니다. 하지만 라오쩨이는 얌전히 계속 면담에 출석하고 계속 『보고반장』을 연기하며, 입원증명서를 내기도 하고 진단서를 내기도 했습니다. 저는 궁금했습니다. 어떻게 그런데도 제시간에 면담에 올 수 있나요? 라오쩨이는 눈을 크게 뜨고 반문했습니다. "어떻게 안 올 수 있겠어요?" 저는 마스크 속에 웃는 얼굴을 꼭꼭 감추고 생각했습니다. '그럼 개과천선하고 다시 범죄를 저지르지 말라는 말은 왜 안 들어요?' 눈치 빠른 라오쩨이도 제가 몰래 웃는 것을 알고 덧붙였습니다. "선생님이 저를 진심으로 챙겨 주시잖아요. 제가 오래 살지는 못하겠지만 죽기 전까지는 계속 면담해야죠." 이 말에 오히려 제 마음이 아팠습니다. 건강이 그렇게 나빠지지 않을 것이고 병이 낫지 않더라도 오래 살 수 있을 것이라 열심히 위로하는 수밖에 없었습니다.

영화 『버킷리스트』처럼 라오쩨이의 버킷리스트에는 '선생님께 감사하기'가 있었던 모양입니다. 암에 걸린 뒤로 걸핏하면 제가 무엇을 좋아하는지 물었습니다. 그림? 서예? 골동품? 보석? 저는 추징당하지 않은 장물을 줄까 봐 겁이 나서 매번 말렸습니다. "저는 대상자가 면담에 꼬박꼬박 출석하는 걸 가장 좋아해요. 그러니 건강하게 꼬박꼬박 면담에 출석하세요!" 늘 똑같은 대답에 똑같은 쓴웃음을 주고받았습니다. 결국 단도직입적으로 제 걱정을 밝히며 덧붙였습니다. "선물을 주시면 그게 뇌물로 간주돼서 제 목이 잘린다고요!"

이렇게 말해서 포기한 줄 알았습니다. 결국 다음 면담 때 라오쩨이는 군고구마 세 개를 가져왔습니다! 그리고 아주 진지하게 말했습니다. "선생님, 이건 돈 있어도 못 사는 겁니다. 보통 군고구마랑 달라요. 진짜 맛있다니까요!" 시한부 환자가 주는 고구마조차 안 받으면 그게 어디 인간입니까? 사실 그 군고구마가 고소하고 달기는 했지만 다른 고구마보다 특별히 맛있지는 않았습니다. 다만 마음에 씁쓸하고 짭짤한 맛이 가득했습니다.

『버킷리스트』의 주인공은 하고 싶은 일을 하나하나 해내며 죽음을 향해 걸어갑니다. 라오쩨이가 버킷리스트를 몇 가지나 했는지 모르겠지만 설이 지나자마자 나쁜 소식이 닥쳤습니다. 사건 판결이 확정되어 집행유예가 실효된 겁니다. 집행유예가 실효되면 더 면담할 필요 없이 교도소로 돌아가야 했습니다.

라오쩨이도 집행 통지서를 받았습니다. 라오쩨이는 저에게 전화해 물었습니다. 건강상의 이유로 집행 연기를 신청할 수는 없나요? 그것은 저의 직권이 아니어서 어느 기관에 신청하면 되는지 알려 주었습니다. 라오쩨이가 또 물었습니다. "그럼 언제 다시 선생님께 면담하러 가면 되나요?" 저는 한숨을 길게 뱉었습니다. 라오쩨이가 낙심해서 왜 그러냐 물었습니다. 저는 '보호관찰관의 신청에 의한 집행유예 실효'○5의 의미를 설명하며 이제 면담하러 오지 않

○5 한국 보호관찰관은 집행유예 기간 중 보호관찰 준수사항이나 명령을 위반한 대상자에 대해 집행유예 취소를 신청할 수 있고, 이때 결정은 법원에서 한다.(「형법」 제64조, 「보호관찰 등에 관한 법률」 제32조) 나아가, 집행유예의 선고를 받은 보호관찰 대상자가 유예 기간 중 고의로 범한 죄가 금고 이상의 실형을 받아 그 판결이 확정된 때에는 보호관찰관이 적극적인 조치 없이 집행유예의 선고가 효력을

아도 된다고 했습니다. 하지만 라오쩨이는 집행유예 실효가 아니라 제 한숨 소리를 신경 쓰는 듯했습니다.

『그린마일』은 사형수의 교도소 생활을 다룬 영화입니다. 사형수가 사형장으로 걸어가는 길은 인생길과 같습니다. 교도관은 옆에서 족쇄를 절그럭거리며 그 길을 함께 걷습니다. 라오쩨이는 끝이 보이지 않는 징역살이 아니면 언제 찾아올지 모르는 저승사자의 소환을 기다리는 수밖에 없습니다. 징역과 저승사자 중에 어느 쪽이 먼저 올지는 아무도 예측할 수 없습니다. 저는 교도관도 아니고 저승사자도 아니며 라오쩨이가 수십 년을 사랑한 백의 천사는 더더욱 아닙니다. 저는 라오쩨이의 삶에서 어떤 역할을 연기해야 하는지 모르고 제 연기가 어떤지도 모릅니다. 사법 공무원의 신분이므로 알고 싶어도 물을 수 없습니다. 다만 깊이 느낄 수 있습니다. 라오쩨이는 자기 삶이 막을 내리기 직전에 예상하지 못한 사람이 한숨과 미소와 책망과 관심으로 조용히 자신과 함께 인생의 한 길을 걸었다는 것을 영원히 잊지 않으리라는 것을 말입니다.

잃으며, 이를 집행유예의 실효라고 한다.(「형법」제63조)
보호관찰관의 주도적인 조치 없이 집행유예 기간 중 재범 및 실형선고 등에 따라 이루어지는 한국의 집행유예 실효와 달리 타이완에서는 보호관찰관이 집행유예 실효를 신청할 수 있으며, 이는 다른 조치들에 비해 훨씬 무겁고 중대한 조치다.

산 내음

산은 무슨 냄새일까요?

그날 알았지요. 산 내음은 차가우면서도 산뜻합니다. 푸르른 잎새의 싱그러움과 듬직한 나무 몸통이 어우러져 배경처럼 온 산을 가득 채웁니다. 미묘하게 상쾌한 내음이 한 줄기 금실처럼 나무들이 만든 배경을 엷게 둘러 산의 윤곽을 그립니다. 눈을 감고 그 내음만 맡아도 산이 얼마나 아름다운지 느껴졌습니다.

네 시간 가까이 차를 몰아 대상자가 사는 나마샤산에

이르렀습니다. 나마샤산은 어디일까요? 간단히 말해 네눈
사슴과 멧돼지의 고향이자 대만흑곰 서식지의 이웃 동네입
니다.

　　나마샤산은 가오슝의 오른쪽 위, 중앙산맥 가까운 곳
에 있습니다. 대상자의 집은 샤오린 마을○보다 더 깊은 산
골에 있었습니다. 샤오린 마을 터에 세워진 추모 공원을 지
나며 마음이 쓰렸습니다. 고개를 살짝 숙이며 마을 사람들
이 제 길을 지켜 주기를 빌었습니다. 8·8 수재로 도로가 뚝
뚝 끊어져 적지 않은 구간이 '길 없는 길'이었습니다.

　　도로 재건은 갈수기에 계곡에서 배수관으로 강의 물
길 일부를 돌린 뒤에 자갈을 깔고 그대로 눌러 다지는 식으
로 이루어졌습니다. 그래서인지 겨우 시속 20킬로미터로
달리는데도 자동차가 배처럼 흔들거려 오장육부가 다 쏟아
져 나올 것 같았습니다. 지나면 또 나오고 또 나오는 자갈길
을 몇 번이나 지나려니 위험하기도 하고 괴로웠습니다. 산
비탈을 따라 깎아 낸 좁은 길을 운전할 때는 자칫하면 계곡
으로 굴러떨어질 것 같아 심장이 벌렁거렸습니다.

　　겨우 자갈길을 지나 마을에 들어섰습니다. 분명 길은
하나뿐인데 대상자의 집을 찾을 수 없었습니다. 산지와 도
시의 번지수 부여 규칙이 달라서 홀수와 짝수가 이어지거

○　　샤오린 마을은 2009년 8월 8일 태풍 모라콧으로 타이완에
서 가장 큰 피해를 입었다. 마을 사람 천육백여 명 가운데 오백 명 가
까이가 목숨을 잃고, 마을 전체가 폐허로 변해 끝내 복구되지 못했다.
타이완 사람들은 이 사건을 '8·8 수재'라 부른다.

나 번호를 건너뛰기도 하고, 다음 번지까지 십 분이나 차를 몰아야 하기도 해서 멀미할 지경이었습니다. 위성 내비게이션·지도·직접 묻기 등 온갖 수를 써도 길을 찾을 수가 없어 어쩔 수 없이 전화를 걸었습니다. 집이 어디예요? 전화기 저편의 대답은 조금도 도움이 되지 않았습니다. "아! 그냥 계속 똑바로 쭉 오다가 두 번째 마을 지나고 그다음 마을에서 모퉁이만 돌면 돼요." 통 알 수가 없었습니다. 도대체 어디까지 '계속 똑바로 쭉' 오라는 거죠? 이러다 인적 없는 황량한 산골까지 가서 조난 사고의 주인공이 될까 봐 무서웠습니다. 불안한 마음을 안은 채 눈 딱 감고 계속 앞으로 나아갔습니다. 어디가 '두 번째 마을'인지도 알 수 없었습니다.

갑자기 길가에 대상자가 보였습니다. 낡은 울프125 오토바이에 탄 채 목을 길게 빼고 어슬렁거리며 길 이쪽을 바라보았습니다. 제가 손을 흔들자 검게 그을려 반짝이는 얼굴에 입을 크게 벌리고 활짝 웃었습니다. 얼마 남지 않은 크고 하얀 이 사이로 칠흑 같은 입안이 드러났습니다. 구불구불한 산길을 빠르게 돌아 올라가며 제가 따라오는지 수시로 돌아보았습니다. 우리는 드디어 모퉁이를 돌아 어느 함석집 앞에 멈췄습니다. 이제야 그의 집에 도착한 것입니다.

차 문을 열자마자 산 내음이 저를 감싸며 그간의 불안감을 정령처럼 가지고 갔습니다. 낡은 거실에 놓인 것은 술 진열장·책꽂이·커다란 텔레비전이 아니라 금빛 폭포처럼 가득한 메달이었습니다. 모두 대상자와 형제자매들이 각종 육상 경기에서 받은 것이었습니다. 출장 면담으로 수많은 대상자의 집에 발을 들였지만 이렇게 많은 금은동 메달을 본 적은 없었습니다! 흔히 한족 문화 위주의 사회 통념상 원주민족은 술 마시기 좋아하고 노력하지 않는다고 생각하는데, 과연 어떤 한족 가정에서 이런 자랑스러운 모습을 볼 수 있을까요?

이 대상자는 카나카나부족이었습니다.◎ 아마 많은 사람들이 '카나카나부족'이라는 민족에 대해 들어 본 적조차 없을 것입니다. 이 민족은 타이완의 9개, 혹은 10개 원주민족에 들지 못했는데요, 왜냐하면 이름을 되찾지 못했기 때문입니다.○2 저는 이 민족 이름을 처음 듣고 몇 번을 읽어도 제대로 발음할 수 없어서 정말 이런 민족이 있나 의심했습니다. 실제로는 있을 뿐만 아니라 이름을 되찾으려 노력

◎ 카나카나부족은 나마샤강 상류 일대에 거주했으며, 현재는 주로 가오슝시 나마샤구 마야리와 타카누와리에 걸쳐 분포한다. 인구는 오백 명 미만이며 스스로를 카나카나부라고 부른다. 2014년에는 타이완 행정원이 원주민으로 정식 인정했다. — 옮긴이 덧붙임

○2 오래전부터 타이완에는 여러 원주민족이 살았는데 최근 몇백 년 사이에 다양한 외지인들이 들어와 타이완을 통치하면서 외지인의 관점과 언어로 원주민의 정체성을 규정했다. 이에 1980년대부터 원주민족의 잃어버린 이름과 정체성을 되찾자는 운동이 이어지고 있다. 이것을 '정명운동'(正名運動)이라 부른다.

하고 있었습니다만 안타깝게도 인구가 너무 적어 계속 곤란을 겪고 있었습니다.

　카나카나부족은 인구는 적지만 나마샤향에서 절대 다수를 점하는 부눈족○3 사람들과 화목하게 어울렸습니다. 그래서 초기에는 부눈족이라 오해를 받기도 했습니다. 실제 카나카나부족과 부눈족은 언어가 완전히 다르지만, 마을에서 다수의 사람들과 소통하려고 카나카나부족도 부눈어와 중국어를 배우기 시작했습니다.

　처음 대상자가 지검에서 면담할 때는 혹시 지적장애가 있지 않나 싶었습니다. 어째서 큰 소리로 또박또박 말하는데도 알아듣지 못하는 걸까? 금메달이 폭포처럼 쏟아지는, 소박하고 허전하기까지 한 거실에 들어와서야 재깍재깍 반응하는 대상자를 발견했습니다. 산 아래의 사람과 사건, 사물 그리고 저 같은 사법기관 종사자까지 모두 대상자가 알아듣지 못하는 언어로 말합니다. 그것이야말로 대상자에게는 벌벌 떨릴 만큼 냉혹한 현실입니다. 그래서 익숙한 집으로 돌아온 대상자는 286 컴퓨터가 한 번에 586 컴퓨터로 업그레이드된 것 같았습니다.

　출장 면담 때 저는 길 잃은 사슴이나 마찬가지였습니다. 대상자는 자기네 농지가 '저 봉우리'라고 소개하며 '목

○3　부눈족은 2023년 1월 현재 타이완 정부 공인 16개 원주민족
가운데 네 번째로 인구가 많다.

동이 살구꽃 핀 마을 가리키듯'○4 손가락을 뻗었습니다. 제 눈에는 안개에 가물거리는 초록색만 보이는데 대상자는 어떻게 길을 잃지 않을까요? 대상자는 뿌듯해하면서도 가볍게 말했습니다. "어떻게 길을 잃겠어요? 안 올라 본 나무가 없는데요!" 사실 대상자는 진정 비굴하지도 거만하지도 않은 훌륭한 삶을 선택했습니다. 대상자와 함께 금메달 폭포를 빚어낸 형제는 모두 아홉이었는데 이제는 여섯만 남아 각지에 흩어지고 대상자 혼자만 고향에 남았습니다.

갈 데가 없는 건 아닙니다. 일찍이 토목 사업도 경영했습니다. 하지만 고향 생활을 택했기에 적지 않은 건물을 가오슝 시내와 나마샤에 지었습니다. 하지만 너무 순박한 원주민이어서였는지 웃으며 말했습니다. 나마샤 전체에서 회수하지 않은 건설 대금이 삼사십만 타이완 달러는 되는데 전혀 받을 생각이 없다고요. 짙은 원주민 억양으로 명랑하게 말했습니다. "빚진 사람은 다 죽었어요!" 저도 웃음을 터뜨리며 근엄한 '선생님'의 모습을 깼습니다.

산에서의 삶은 가난하고 고되지만 대상자는 한족처럼 이사하거나 빚을 독촉하거나 부유하게 살고 싶어 하지 않았습니다. 가장 힘든 것은 의료 시설 부족일 겁니다. 병에 걸려 아파도 참고 견디는 수밖에 없습니다. 산을 내려가 진

○4   당나라 시인 두목(杜牧)이 지은 「청명」(淸明)이라는 시에서 "술 파는 곳 어디 있나 물으니, 목동은 저 멀리 살구꽃 핀 마을을 가리키네"(借问酒家何处有, 牧童遥指杏花村)라는 구절을 딴 말이다.

료를 받는 데 최소한 두 시간은 걸리니까요. 충치가 생기면 치료하지 않고, 완전히 썩어서 빠질 때까지 둡니다. 대상자의 이가 거의 다 빠진 것도 그래서였습니다. 너무 외져서 우편은 겨우 일주일에서 열흘에 한 번씩 오고, 구독한 신문은 주간·월간으로 바뀌었습니다. 가스도 비싸서 한 통 배달받는 데 적어도 일천 타이완 달러라 대상자의 집은 장작을 땠습니다. 같은 민족인 아내도 매일 장작을 때야 밥을 짓고 씻을 수 있었기에, 대상자는 농사를 지으며 나무도 했습니다. 집 입구에 잔뜩 쌓인 장작은 모두 대상자가 도끼로 하나하나 팬 것이었습니다.

산에서 짓는 농사는 평지와 다릅니다. 대상자는 이십 년 넘게 생강을 심었는데 일 년에 한 번만 수확하기에, 복숭아와 애옥자○5를 심어야 생활에 보탤 수 있습니다. 올해는 피나무에 버섯도 심었습니다. 시골 물건을 홍보해 주자는 마음으로, 장사에는 재주가 없는 대상자를 위해 제가 총대를 메고 동료들을 모아 공동 구매를 추진했습니다. 공동 구매 과정에 그렇게 우여곡절이 많을 줄은 몰랐지만, 물건은 정말 놀라울 정도로 좋았습니다. 그가 기른 버섯은 아주 실하고 향긋했고, 말린 뒤에는 과자처럼 바삭했습니다. 건조

○5　뽕나무과 무화과나무속 왕모람(푸밀라)의 돌연변이종으로, 타이완에서만 자생한다. 열매를 말리거나 젤리처럼 만들어 시원하게 먹을 수 있어, 사철 무더운 타이완에서 디저트로 즐겨 먹는다. 1년에 두 번 수확할 수 있으면서도 전체 생산량이 많지 않아, 타이완 고산지대의 원주민족 가운데 애옥자를 주 수입원으로 삼는 사람도 있다.

하지 않고 생으로 먹으면 닭고기보다 더 맛이 좋고, 쫀득한 식감은 '버섯'의 정의를 의심하게 할 정도였습니다. 한 해에 단 몇 주 동안만 이렇게 신선한 버섯을 먹을 수 있는데, 시장에서 진공 포장으로 파는 버섯과 비교하면 서시를 촌부에 비교하는 것과 마찬가지입니다. 그 아름다운 맛을 떠올리면 아직까지도 군침이 돕니다.

　대상자가 사법 시스템에 잡힌 이유는 그야말로 대자연과 인간이 함께 빚어낸 비극이었습니다. 카나카나부족에게 가장 중요한 의식인 '하제'河祭◎2에서 대상자는 중요한 임무를 맡았습니다. 의식의 하이라이트인 물고기 방생을 준비하는 일이었지요. 대상자는 전기낚시 장비로 물고기를 잡다가 현장에서 다리 위에 있던 경찰의 눈에 띄었습니다. 제가 전기낚시 사건을 여럿 처리하면서 어처구니없는 이유를 수도 없이 들었지만, 이번 대상자의 말만은 진실이라고 믿었습니다. 예전에는 물고기를 방생할 때 걱정이 없었습니다. 강물은 맑고 물고기는 많아 손만 뻗으면 얼마든지 잡을 수 있는 데다 그렇게 잡으면 물고기가 상하지 않기 때문입니다. 그러나 환경오염이 점점 심각해지면서 물고기가 줄었습니다. 설상가상으로 8·8 수재 때 물길까지

◎2　하제의 기원은 약 삼백 년 전으로 거슬러 올라간다. 그때 카나카나부족이 현재 거주지인 가오슝 나마샤강 상류 일대로 터전을 옮겼다. 나마샤강에는 어족 자원이 풍부해 식량을 걱정하지 않아도 되었다. 카나카나부족은 천신이 은혜를 베푼 덕이라 여겨 감사의 제사를 지냈는데, 이것이 발전해 매년 늦봄에서 초여름 사이에 하제를 거행하게 되었다.

바뀌어 온 산을 뒤져도 맨손으로는 살아 있는 물고기를 잡기가 어려워졌습니다. 하지만 낚싯대나 그물은 쓸 수 없습니다. 물고기가 일단 상처를 입으면 불경하기 때문입니다. 전기낚시로 잡아야만 물고기가 다치지 않을 수 있었습니다. 기절한 물고기가 정신을 차리면 의식에서 끊임없는 생장과 번성을 상징하는 역할을 맡을 수 있으니까요.

우리 인간은 자기 종족의 생명만 영원히 유지하려 하면서, 연못을 말려 물고기를 잡고, 악랄하게 다른 생명을 멸종시켰습니다. 대자연의 반격에 가장 먼저 해를 입는 것은 산림·계곡과 평화롭게 공존하는 원주민입니다! 모든 사법 절차가 법대로 진행되어 대상자에게 가장 고통스러운 결과를 가져왔습니다. 저는 마음이 무거웠습니다. 마을 촌장조차 그가 "모든 부족을 대신해 십자가를 졌다"라고 했습니다.

하지만 그들의 사랑스러운 성정은 시나브로 주변 사람들을 치유했습니다. 제가 근심스러운 기색으로 물었습니다. "전기낚시를 못하면 앞으로 하제에 물고기가 없어서 어떡해요?" 대상자가 까만 목구멍과 몇 개 남지 않은 하얀 이를 드러내며 웃었습니다. "문제없어요! 벌써 강에 돌을 쌓아서 물고기를 기르고 있거든요!" 영문을 몰라 하는 저를 보고 대상자가 한참 동안 설명해 이해시켜 주었습니다. 먼저 돌로 만든 일종의 연못에 작은 물고기를 풀어 일 년간 기른 후 언제든 쓸 수 있도록 한 것입니다. 정말 똑똑하지요!

　어느덧 저녁 어스름이 깔리고 옅은 안개가 피어올랐습니다. 하늘빛이 산 아래보다 더 빨리 어두워졌습니다. 다시 그 '뱃멀미'를 해야 하는 고통스러운 길이 떠올라 어쩔 수 없이 일찍 작별을 고했습니다. 대상자가 알아들을 수 없는 민족말로 아내에게 말해, 아내가 농기구를 쌓아둔 구석에서 진흙이 묻은 쓰레기봉투 두 개를 꺼냈습니다. 알고 보니 미리 준비한 토산품이었습니다. 제가 받지 않으려 하자 대상자 부부는 매우 난감한 표정을 지었습니다. 그 표정을 번역하자면 이랬습니다. '도시에서 온 '아가씨 선생님'이 우리를 업신여기는구나.' 저는 얼른 태도를 바꾸어 기쁘게 받되 시장 가격에 상당하는 값을 치르겠다고 했습니다. 부부는 다시 민족말로 이야기를 나누었습니다. 저는 알아듣지 못했지만 멋대로 이렇게 이해했습니다. 선물도 없이 산을 내려보내는 것은 우리에게 정말 수치스러운 일이야. 그래서 저는 집 문 앞에 쌓인 장작 패는 데 쓰려고 둔 것처럼 보이는 나무 그루터기에 무척 관심 있는 척을 했습니다. 대상자가 곧장 열렬히 소개했습니다. 주민센터에서 베도 되는 그루터기라고 하길래 집에서 쓰려고 베어 온 것이라고요.

　　대상자는 최근에야 전기톱을 써서 나무 그루터기를 네모반듯하게 잘랐습니다. 체형이 마르고 왜소한 대상자가 한 손으로 나무판을 도마처럼 가볍게 번쩍 들었습니다. 저는 두 손으로 끌어안고도 그만 '무거워!' 하는 표정을 내비치고 말았습니다. 대상자 부부가 배꼽을 잡고 웃자 저도 웃음을 터뜨렸습니다. 품에 안은 무거운 나무판에서 맑은 향기가 났습니다. 그것이 바로 금실처럼 얇게 산을 두른 상쾌한 향이었습니다! 녹나무가 자연에서 내뿜는 향은 사람의 힘이 더욱 빛날 수 있도록 돕습니다. 산의 향은 산의 향기山香일 뿐만 아니라 산의 고향山鄕이기도 하기 때문입니다.

땡중

그를 처음 보자마자 속으로 웃음이 났습니다…….

　　비웃음이 아니라 그의 타고난 익살 때문이었습니다. '관공서'에서 뿜어나오는 삼엄한 기운이 아무리 강하다 한들 그에게는 범접하지 못했습니다. 동그스름한 얼굴에 방금 출소해서 포슬포슬한 까까머리, 크지도 작지도 않은 땡그란 눈. 어디서 본 것 같기도 하고 아닌 것 같기도 한 묘한 느낌이었습니다. 대답할 때는 더욱 '큰 웃음'을 주었습니다. 앞니 두 개가 보이지 않아서 웃으면 인형극에 나오는 인형

같았습니다.

'하베응키'○에 비유하자면 이상할지 모르겠지만, 익살을 가득 머금은 하베응키가 눈앞에 앉아 있는 듯했습니다. 빠진 앞니 사이로 나오는 말투는 진지했지만 논리가 뜬금없었습니다. 진지하게 듣고 싶어도 목에 걸린 폭소를 꾹 눌러 참아야 했습니다. 면담이 끝날 때마다 한참 동안 웃다가 끊어질 것 같은 창자를 쓰다듬어야 했습니다.

죄목은 무서운 성범죄였지만 면담에서 진지하게 사건에 대해 이야기를 나눠 보니 무섭기는커녕 동정심이 들었습니다. 아마 여성에게 꾀어 억지로 침대에 올라간 듯한데 아무래도 이상하게 앞뒤 논리가 맞지 않았습니다. 몇 번을 면담해도 대화가 자꾸만 엉뚱한 방향으로 치달아서 진전이 없었습니다. 저는 문득 다른 생각이 떠올라 함께 온 어머니에게 물었습니다. "학창 시절 선생님이 아시에게 지적장애 검사를 해 보라고 하지 않던가요?"

"아뇨, 근데 친구가 그런 말 한 적은 있어요. 제가 봤을 땐 애 머리가 안 좋은 것 같긴 해서 남들이 뭐라고 할까 신경 쓰이더라고요. 또 자꾸 화를 내고 저랑 실랑이도 하고 맨날……."

"잠깐만요, 아시 어머니, 그러니까, 어머니가 보기에

○　대만 전통 인형극에 자주 등장하는 캐릭터. 민머리에 앞니 두 개가 큰 게 특징이다.

아시가 다른 아이랑 좀 달랐나요?"

"아뇨, 그냥 자꾸 말썽을 부리고 선생님한테 맞았을 뿐이에요. 선생님도 어차피 애를 안 좋아하고요!"

"그럼 친구는 왜 아시한테 병원 가서 검사해 보라고 했을까요?"

"아, 뭐, 대기만성이라고 하니까……."

더 이상 이런 끊없이 이어지는 대화를 참을 수 없어서 곧장 핵심을 찔렀습니다. "아시 어머니, 제 생각에는 아시에게 지적장애나 다른 정신 장애가 있을 가능성이 있거든요. 병원에 가서 검사해 보면 어떻겠어요? 어디가 다른지 알아야 저도 증상에 맞춰서 대응할 수 있으니까요. 어떠세요?" 모자는 서로 바라보며 말이 없었습니다. 저는 단김에 쇠뿔을 뺐습니다. "아시, 내 생각에 아시는 착한 아이니까 (사실 이미 성인이지만) 일단 병원에 가 보면 어떻겠어요? 선생님 말대로 할래요?"

아시는 조금 수줍게 고개를 끄덕였습니다. '착한 아이'라는 말이 아시를 움직였나 봅니다. 모자는 정말로 병원에 가서 지적장애 진단 검사를 신청했습니다. 하지만 마침 여름방학 기간이라 검사를 기다리는 아이가 많아서 아무리 기다려도 우리 '다 큰 아이'의 차례가 오지 않았습니다. 저는 어쩔 수 없이 업무상 협력 관계인 위생국을 통해 '청탁'을 넣어, 한 자리 만들어서 아시의 검사를 바로 진행해 달라고 부탁했습니다. 다행히 얼마 지나지 않아 결과가 나왔습니다. 예상대로 아시는 가벼운 지적장애 진단과 함께 심신장애수첩○2을 받았습니다. 아시의 어머니는 그제야 이해했습니다. 바보 같은 아이가 정말 바보였군요!

아시 어머니는 성격이 급한 데다 오랜 기간 가정 폭력에 시달려서, 자신도 늘 불안한 상태였습니다. 이번에 아시가 교도소에 수감되었다 나온 일로 더욱 예민한 상태라 말하는 속도가 너무 빠르고 구사하는 문장이 온전하지 못했습니다. 아시는 말을 알아듣지 못하고 의사표현도 제대로 못해 어쩔 줄 모를 때마다 습관적으로 무조건 '네' '좋아요' '그럴게요' '알았어요'라고 대답했습니다. 하지만 막상 무언가를 하면 엉망이라 모자 사이에 갈등이 끊이지 않았습니다.

아시는 불안과 긴장을 느낄 때마다 화를 내거나 짜증을 내는 식으로만 표현하고 걸핏하면 어머니에게 말대꾸했습니다. 어머니도 화가 나고 속이 상하는데 그런 감정을 어떻게 처리해야 할지 전혀 몰랐습니다. 그러니 모자 관계는 늘 팽팽한 긴장 상태였습니다. 저는 두 사람의 관계에 개

○2 한국의 장애인 복지 카드(법률상 명칭은 '장애인 등록증')와 비슷하다.

입하는 수밖에 없었습니다. 어머니에게는 '천천히 말하는 법'을, 아시에게는 '말을 알아듣는 법'과 제대로 반응하는 법을 가르쳤습니다.

곧 아시 어머니는 저를 어머니처럼 신뢰했습니다. 아시도 조금씩 나아지면서 면담할 때 어머니의 말을 알아듣고 사소한 입씨름이나마 주고받을 수 있게 되었습니다. 저는 할머니처럼 따뜻하게 위로하기도 하고 법관처럼 정색하고 엄하게 나무라기도 했습니다. 아시는 여전히 동문서답을 자주 해서 저의 웃음보를 터뜨릴 뻔했지만, 나중에는 일자리를 찾을 수 있을 만큼 발전해서 저를 뜻밖에 기쁘게 했습니다.

아시의 타고난 익살과 근면 덕분이었는지 회사의 이모들은 모두 아시를 귀여워했습니다. 굴착기를 세척하는 간단하고 몸 쓰는 일이지만 적응도 잘하고 유쾌하게 해냈습니다. 아시 어머니의 기대도 크지 않아서 아시가 일한다는 것만으로도 기뻐했습니다. 모자 관계는 점점 화목해지고 다 함께 봄날을 맞이하는 듯했습니다. 아시는 면담하러 올 때마다 배추흰나비가 춤을 추듯 순박하게 즐거워했습니다…….

어느 날 아시가 갑자기 저에게 전화를 걸었습니다. 한

참을 웅얼웅얼하는 소리를 들은 끝에 겨우 알아들었습니다. 아시 가족이 새아버지에게 심하게 맞아 집을 나왔다는 것이었습니다! 도대체 무슨 일일까요? 아시에게 물어도 제대로 대답을 들을 수 없어서, 임시로 몸을 맡긴 셋방 주소를 달라고 했습니다. 이튿날 급히 출장 면담을 나섰습니다. 한참을 헤매 겨우 오피스텔에 임시 거처를 마련한 아시 가족을 만났습니다. 크기가 각기 다른 스프링 매트리스 네 장이 가지런히 깔려 있고, 하도 빨아 색이 빠져 마포 걸레처럼 낡은 옷과 얇은 이불 몇 장이 그 위에 덮여 있었습니다. 가정 폭력 피해 가정의 어려움을 대변하는 듯한 모습이었습니다.

아시의 형은 전날 밤 근무를 하고 와서 매트리스에 곤히 잠들어 있었습니다. 아시 어머니가 저를 보자마자 코를 훌쩍이며 눈물을 뚝뚝 흘렸습니다. 그런 두 사람을 보며 어디에 앉아야 할지 서야 할지 난감했습니다. 아시 어머니가 얼른 잡동사니를 한쪽으로 밀어 놓고 삐걱거리는 접이식 의자를 펴 주어, 겨우 아시 형의 발치에 끼어 앉는 곤경을 면했습니다.

아시 형이 깰까 조심스러워 최대한 작은 목소리로 물었습니다. 도대체 어떻게 된 일이에요? 아시 어머니는 첫 결혼부터 가정 폭력을 당했습니다. 아시의 친부는 술주정이 습관이 되어 술만 마시면 가족을 때렸습니다. 아직 유치원 다닐 나이였던 아시는 아버지 손에 병아리처럼 시멘트 바닥에 내팽개쳐졌습니다. 그때 가벼운 뇌진탕 진단을 받았습니다. 아시의 지적장애는 어쩌면 그때의 뇌진탕과 관련이 있을지도 몰랐습니다. 아시는 기억이 있을 때부터 끊임없이 맞았습니다.

어머니가 그쯤 얘기했을 때 아시의 형이 일어나 회상의 대열에 합류했습니다. 그때 가장 심하게 맞은 사람은 아시와 아시의 동생이었습니다. 그 시절 형은 이미 청소년기에 접어들었고 체격도 무척 커서 지금은 180센티미터에 이를 정도이니, 아버지는 아시의 형이 잘못을 저지르지 않으면 때리지 못했습니다. 하지만 왜소하고 연약한 아시는 말이든 일이든 늘 잘못했고 성적도 나빴습니다. 잘못하지 않아도 그냥 밥 먹듯이 맞았습니다.

아시와 아시의 쌍둥이 동생이 초등학교 때, 생활에 중대한 전환이 일어났습니다. 아시 동생이 소아암에 걸려 입퇴원을 반복하게 된 것입니다. 아버지는 아시 동생을 더 때리지 못하자 모든 좌절과 분노를 모조리 아시에게 쏟아 냈습니다. 어머니가 옆에 있을 때는 당연히 아시를 감쌌지만,

결국 아버지는 어머니까지 싸잡아 때렸습니다. 아시 어머니는 시장에서 생선 완자를 팔면서 병원에 드나들며 아시 동생을 간병했습니다. 그러면서 아시 아버지의 돌발적인 분노와 폭력을 견뎠습니다. 아시 아버지가 알콜성 급성 간염으로 돌연사할 때까지 말입니다.

저 같은 보통 사람이라면 드디어 끔찍한 폭력에 시달리는 삶이 끝났다고, 무시무시한 옆 사람이 다시는 행패를 부리지 못할 거라고 기뻐했을 것입니다. 뜻밖에도 아시 어머니는 서럽게 울었습니다. 아시 어머니는 아쉬워하고 자책하고 실의에 빠졌습니다. 아내를 등쳐 먹고 때리고 욕하던 폭력 남편을 그리워했습니다. 아시의 형이 씩씩거리며 저주했습니다. "그런 쓰레기가 뭐 좋다고 그리워해요?" 아시 어머니가 눈물 콧물 범벅이 된 채 아들을 나무랐습니다. "미우나 고우나 네 아버지인데, 어떻게 그렇게 말할 수 있어!" 저는 아무렇지도 않은 척 냉정하게 그 모습을 바라보았습니다. 교과서에 실린 '폭력 피해 여성의 심리'에 관한 연구 사례가 무수히 떠올랐지만 도무지 받아들이기 어려웠습니다. 가장 친밀하면서 가장 깊이 상처를 준 사람에게, 마음이 떠나기는커녕 그의 죽음을 오랜 세월 슬퍼하다니요. 전형적인 '스톡홀름 증후군' 사례였습니다!

그렇다면, 이번에는 또 왜 맞았을까요? 아시의 친아버지가 죽은 지 얼마 안 되어, 홀로 세 아이를 보살피던 아시 어머니가 병원에서 아시 동생을 간병할 때, 쫓아다니는 남자가 생겼습니다. 외롭고 쓸쓸하고 지친 아시 어머니는 남자친구의 친절에 마음이 움직였습니다. 그 사람은 아시 어머니의 가정을 잘 보살피겠다고 다짐했습니다. 머지않아 아시 동생이 세상을 떠나고, 가족들이 병원에서 짐을 챙겨서 나온지 얼마 안 되어 아시 어머니는 남자친구와의 동거를 시작했습니다. 그러면서 아시와 띠동갑인 막내를 낳았습니다. 두 사람은 결혼하며 행복한 나날을 꿈꾸었습니다.

왜인지 모르겠지만 아시는 암으로 떠난 동생과도, 아버지가 다른 동생과도 모두 잘 어울려 놀았습니다. 동생들은 언제나 아시의 좋은 친구였습니다. 아시도 동생을 보살피고 생활의 사소한 것들은 가르칠 줄 알았습니다. 늘 손톱을 제대로 깎지 않아 제게 혼나기는 했지만, 아시는 언제나 좋은 형이었습니다.

새아버지는 아시 가족을 지키겠다는 약속을 저버렸습니다. 게다가 아시 친부와 똑같이 가정 폭력이라는 전철을 밟았습니다. 아시 어머니, 아시 형, 아시 그리고 자기 친아들인 아시 동생까지 무차별적으로 구타했습니다. 그러다 아시의 형이 반항하자 아시만 집중적으로 폭행했습니다. 누가 폭력을 저지르든 아시는 늘 가장 심각한 피해자였습니다.

아시가 교도소에 수감된 일도 걸핏하면 맞는 구실이 되었습니다. 사실 구실이 없어도 그냥 수시로 맞았습니다. 아시와 어머니는 줄곧 견뎠습니다. 그러다 그날, 아시 형이 출근한 사이 아시가 무언가를 떠올리지 못한다는 구실로 맞자 아시 어머니가 늘 그렇듯 아시를 감싸 안았습니다. 새아버지가 아시 어머니를 때리다 아시 어머니 팔에 피멍이 들었습니다. 그러자 갑자기 아시가 무섭게 화를 내며 새아버지에게 반격했습니다. 이번에는 아시 어머니가 깜짝 놀랐습니다. 어머니는 진작부터 놀라 숨어 있던 겨우 중학생인 동생을 데리고 집을 뛰쳐나왔습니다. 세 모자는 동전 한 닢도 없어 근처 공원 벤치에 멍하니 앉아 밤새도록 온몸을 모기에 물리고 가려움과 통증에 시달렸습니다…….

그제야 아시 어머니는 따로 살 집을 구하고 경찰에 신변 보호를 요청하기로 결심했습니다. 저도 이번이야말로 가정 폭력의 악순환에서 벗어날 기회라 생각해 아시 어머니가 법적으로 자신의 권리를 되찾도록 응원했습니다. 아시 어머니는 저를 배웅하며 제 손을 붙잡았습니다. "선생님, 아무래도 제가 너무 드세서 그이가 때리는 것 같아요. 제가 그이를 좀 부드럽게 대하면 그이도 안 그럴⋯⋯." 저는 어머니가 천지신명부터 선배·친구·손님·아시에 이르기까지 다양한 이유를 드는 것을 가만히 들으며 달려드는 모기를 피해 다리를 털고, 아시 어머니와 서로 보이는 모기를 잡아 주면서 쓴웃음을 지었습니다.

아시 어머니의 마음 깊은 곳에서 소용돌이가 일어나 아시 어머니와 아시·아시 동생·아시 형 그리고 폭력을 휘두르는 새아버지를 삼키는 것 같았습니다. 저는 기어코 아시 어머니의 말을 끊었습니다. "아시 어머니, 어떻게 해야 그 사람이 때리지 않을지, 제게 확실한 대답을 듣고 싶으시죠? 제 대답은, 없다는 거예요. 하지만 그런 대답은 듣기 싫은 거잖아요. 그렇죠?" 뜻밖에 아시 어머니가 활짝, 심지어 소리까지 내며 웃었습니다. "선생님, 어쩌면 그렇게 사당의 무당 어르신하고 똑같이 말씀하셔요!"

아시 어머니는 폭력을 휘두르는 새아버지에게 다시 돌아갔습니다. 하지만 아시와 아시 형은 그 사람과 도저히 한 지붕 밑에 살 수 없다며 아시의 보호관찰 기간이 끝날 때까지 셋방에 머물렀고, 그사이 가정 폭력은 계속 되풀이되었습니다. 아시는 어머니가 신변 보호 신청을 철회했다고 제게 이르기도 했습니다. 저는 한숨밖에 쉴 수 없었습니다.

사회 복지학 이론에는 '클라이언트의 자기 결정권'◎이라는 개념이 있습니다. 대상자의 삶을 결정할 권한은 대상자 자신에게 있다는 것입니다. 다른 사람이 보기에 좋은 선택이건 나쁜 선택이건, 모든 것은 자신의 선택이며 다른 사람이 대신 결정해 줄 수 없습니다. 지적장애를 지닌 아시에게 그 개념을 이해시키기는 어려웠습니다. 어머니의 선택은 아시도 저도 설령 동의하지 않을지라도 막을 권리가 없다는 것을 말입니다.

하지만 아시가 제게 준 숙제는 이뿐만이 아니었습니다. 어느 면담 날 아시가 드물게 진지한 태도로 물었습니다. "출가하면 좋아요?" 인생 철학 시험이 따로 없었습니다! 제가 무슨 생불도 아니고, 그런 질문에 대답하기는 참 난감했습니다. 하지만 아시에게도 '자기 결정권'이 있습니다. 저는 아시에게 출가하면 좋은 점과 나쁜 점을 나란히 적어 보라 했습니다. 아시는 한참을 적었습니다. 잔뜩 적어 낸 좋은 점은 절로 웃음을 자아냈습니다. 나쁜 점은 단 하나였습니다. '엄마가 화냄.' 좀 이상해서 한참 물어봤더니 아시는 그제서

◎　클라이언트의 자기 결정권(Client-self determination)이란 사회 복지학에서 중요한 개념이다. 1937년 사회학자 해밀턴(Hamilton)은 클라이언트에게 스스로 결정하고 문제를 해결할 권리가 있다고 보았다. 1951년 비에스텍(Biestek)은 사회 복지 대상자가 사회 복지의 과정에서 자유롭게 선택하고 결정할 권리가 있고 그 권리를 요구할 수 있다고 했다. 자료 출처: 『당대 사회 사업: 이론과 방법』, 린완이(林萬億), 타이완 오남출판.

야 실토했습니다. 아시의 출가를 반대할 사람은 어머니뿐이니, 저를 통해 엄마를 설득하려는 '속셈'이었던 것입니다!

지적장애인인 아시는 정말이지 조금도 어리석지 않았지만, 다행히 저도 아시의 속셈에 넘어가지 않았습니다. 저는 출가의 좋고 나쁨을 대답하는 대신 어머니와 충분히 대화해야 원만히 출가할 수 있다고 설명했습니다. 아니면 우선 휴가 때 단기 출가를 해 보고 절 생활이 잘 맞는지 먼저 겪어 보라고 했습니다. 아시는 일리 있다고 생각했는지 기뻐하며 돌아갔습니다. 저도 '선문답'을 무사히 마친 줄 알았습니다만, 일주일 뒤, 아시 어머니가 저에게 전화해 아시를 욕하며 하소연을 늘어놓았습니다. 출가는 무슨, 완전히 가출이라고요!

아시는 어머니의 전화는 받지 않더니 제 전화는 받았습니다. 저는 화가 잔뜩 나서 아시에게 당장 오라고 했습니다. 불러서 꾸짖어 줄 생각이었습니다. 아시는 제 호출을 받고 두려웠는지 오후에 곧장 오겠다고 했습니다. 지검에 고승께서 강림하실 줄 누가 알았을까요! 아시는 옅은 커피색 법복을 입고 승려용 신발을 신고 염주를 들고 천천히 걸어왔습니다. 오후의 태양이 탱화 속의 후광처럼 아시의 등 뒤에서 동그랗게 빛났습니다. 법복 자락이 망토처럼 휘날리고, 보드라운 승려용 신발은 발소리도 나지 않아 고승이 구름 위를 걷는 듯했습니다. 순간적으로 아시의 얼굴이 제대로 보이지 않았고, 황금빛을 내뿜으며 동그랗게 반짝이는 민머리에 눈이 부셨습니다. 다가가 보니 아시가 빠진 앞니를 드러내며 웃었습니다. "헤헤, 선생님, 저 왔어요!" 저는 또 웃음을 터뜨렸습니다. 아시의 '공력'은 정말 대단했습니다.

출가해 수계를 받았지만 출가의 참뜻을 깨달은 것은 아니었습니다. 한참을 설득한 끝에 아시가 어머니에게 전화를 걸었습니다. 물론 욕을 한 바가지 얻어먹었습니다. 며칠 뒤 다시 환속하여 집으로 돌아온 아시는 성실하게 일하더니 월급을 받아 할부로 오토바이를 장만했습니다. 저는 사고라도 날까 노심초사하며 보호관찰 기간 종료 직전에 일부러 아시의 일터로 가서 살폈습니다.

아시는 처음에 의기양양하게 오토바이와 자신이 하는 일을 자랑했지만, 나중에는 괴로워하며 '졸업'하기 싫다고 기한을 연장하면 안 되냐고 물었습니다. 보호관찰 기간을 줄이려는 대상자는 있어도 연장하려는 대상자가 어디 있을까요? 저는 또 웃음을 터뜨렸습니다! 이 골치 아픈 친구는 첫날부터 마지막 날까지 근엄한 보호관찰관을 실망시키

지 않고 뜬금없는 논리와 소박한 진심으로 웃음을 주었습
니다.

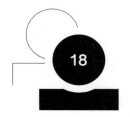

18 채소 왕자

"사장님, 숙주 있어요?"

"아이고 어떡하지, 숙주는 다 팔렸는데, 다른 건 안 필요하셔요?"

"사장님, 다 해서 얼마예요?"

"네, 하나씩 계산해 드릴게요. 양배추 팔십, 공심채 이십, 건두부 삼십……."

눈 밝고 손 재게 저울을 달아 값을 매기고 계산해서 봉투에 담습니다. 눌리면 안 되는 잎사귀 채소를 위로 올리면

서 파 한 단을 얼른 더 얹어 줍니다. 봉투를 건네주면서 또 덤이라며 햇생강을 휙 던져 넣으니 기가 막히게 쏙 들어갑니다. 재빨리 다음 손님을 받습니다.

가오슝의 태양은 언제나 쨍쨍한데, 청과 시장은 찜통처럼 더 푹푹 찝니다. 대상자가 입은 낡은 폴로셔츠가 땀 자국을 따라 두 가지 색으로 비쳐 인체의 땀샘 분포도를 보는 듯합니다. 이따금 관자놀이에 반짝이는 땀방울을 손등으로 훔칩니다. 그러나 대부분의 시간에는 청경채·유채·아스파라거스·시금치를 반질반질하게 다듬느라 바쁩니다.

뒤에 가득한 도매 보따리에서 손으로 양을 가늠하며 민첩하게 채소를 꺼내 채소가 팔려 나간 진열대의 빈자리를 채웁니다. 손님이 없으면 바닥에 떨어진 채소 잎과 물기를 서둘러 쓸어 냅니다. 대상자는 모릅니다. 기둥의 엄호 아래 제가 조개 가게 뒤에 숨어서 자신의 일거수일투족을 몰래 관찰하고 있다는 사실을요.

연수받던 시절, 마약 중독 치료 전문 의사 선생님이 마약 대상자의 재범률이 극히 높다며 이 말을 기억하라고 했습니다. "번드르르 한 말이 다 떨어져야 나쁜 짓도 끝난다." 마약 대상자가 재범을 저지르는 과정은 언제나 같습니다. 다짐, 약속, 투약, 속죄, 눈물, 다시 다짐, 약속, 투약, 속죄, 눈물의 무한 반복이죠. 실제로 마약 대상자를 접한 뒤에야 그 말이 얼마나 진실에 가까운지 알았습니다. 그래서 이번 대상자가 첫 면담을 왔을 때, 청과 시장에서 부모를 도와 모든 고생을 감내하겠다는 말을 믿지 않았습니다. 특히나 대상자는 꽤 오랫동안 암페타민과 헤로인을 섞어 투약한 이력이 있었습니다.

다행히 한동안 소변 검사도 정상이고 지각도 하지 않았습니다. 매번 면담 때는, 시장에서 바쁘고 정신없던 모습과는 딴판으로 아주 깔끔한 차림으로 왔습니다. 딱 한 번, 조금 늦게 오전 열 시쯤 도착할 것 같다고 연락한 적은 있었습니다. 새벽 대여섯 시에 도매 시장에서 채소를 떼와 진열을 끝내면 여덟아홉 시인데, 선생님께 존경하는 마음을 보이려고 집에 가서 씻고 옷을 갈아입은 후 열 시쯤 가고 싶다는 것이었습니다.

그런 합리적인 요구를 들어주지 않을 도리가 없습니다. 다만 그의 일에 관한 의심은 여전했습니다. 예전에는 전문 기술을 지닌 화이트칼라로 종일 사무실에서 에어컨 바람만 쐬던 사람이었습니다. 보호관찰관에게 좋은 인상을 주려고 잠깐 청과 시장에서 일하는 건지도 몰랐습니다. 그런 꼬리는 금방 밟힙니다. 매주 청과 시장에서 장을 보는 경험을 살려 면담할 때 여러 채소의 종류와 색·재배 환경·수확 시기·가격 따위를 물으며 빈틈을 노렸습니다…….

신기하게도 대상자는 줄줄 대답할 뿐만 아니라 '사과여주'라는 과일까지 소개하며 호기심을 자아냈습니다. 대상자 말로는 재배는 되지만 시중에 팔리지는 않아서 돈이 있어도 구할 수 없는 신상품이라고 했습니다. 모양은 백여주와 비슷한데 쓴맛은 싹 빼고 농익은 여주의 단맛만 오롯이 살렸다는 것입니다. 대상자네 가게와 오래 거래한 여주 농가에서 여러 해 연구한 결과라고 했습니다. 가끔 물건이 있을 때만 대상자네 가게에 팔라고 준답니다. 한 번만 먹어도 그 맛을 잊을 수가 없지만 다시 사러 왔다가 재고가 없어 그냥 돌아가는 손님이 많다고 했습니다.

정말 그렇게 신기한 여주가 있다고? 왜 한 번도 못 들어 봤지? 제 요리 경력이 짧아서 그런가 싶어 주변에서 요리 솜씨 좋다는 사람을 찾아다니며 수소문했지만 아무도 몰랐습니다. 거짓이 아닐까 의심하던 차에 미식가라는 높으신 분의 초대를 받았습니다. 그분은 갑자기 도우미 아주머니가 만들어 준 맛있는 '사과여주'가 떠오른다며, 그렇게 맛있는 걸 이후 다시는 못 먹어 봤다고 했습니다. 그분이 아주머니에게 혹시 너무 번거로워서 그 맛있는 '사과여주'

를 안 만들어 주시는 건가요? 라고 물었더니 아주머니가 크게 웃으며 말씀하셨답니다. "안 만드는 게 아니라, 못 사는 거예요!" 아주머니가 사과여주가 어떻게 생겼는지 구체적으로 설명하는데, 놀랍게도 대상자가 말한 것과 똑같았습니다!

　하지만 듣는 것만으로는 여전히 대상자가 정말 제대로 일을 하는지 믿을 수 없었습니다. 예고 없이 시장에 가서 살펴본 뒤에야 믿을 수 있었습니다. 장사는 갈수록 잘됐고 대상자는 이미 가업을 물려받기로 결심했습니다. 다행히 형제들도 저마다 하는 일이 따로 있어서 경쟁하려 들지 않았고 대상자가 물려받기를 바랐습니다.

　채소 장사는 백면서생이 상상하는 것처럼 간단하지 않았습니다. 부모가 오랜 세월 일군 사업을 처음부터 배워야 했습니다. 부모는 처음에 대상자를 짐꾼으로 삼아 가오슝의 북쪽 끝에서 남쪽 끝까지 모든 채소 농가를 소개하며 채소 보는 안목·가격 협상법·농부들의 마음을 얻는 법 등 장사의 기초를 가르쳤습니다. 농부들은 부모 체면을 봐서 말은 친절하게 걸어 주었지만, 진짜 도매 거래할 때는 각자 도생해야 하고 각자 능력이 다른 만큼, 부모 일을 물려받았다고 해서 특별히 우호적으로 대하는 일이 없었습니다. 대상자는 오로지 전문적인 능력으로 농가의 인정을 받아야 했습니다.

가게로 돌아와서는 값 부르기·계산하기·판촉하기· 천차만별의 손님 대하기를 배웠습니다. 하나하나가 모두 전문 분야였습니다. 더 어려운 것도 있었습니다. 부모님은 도매 유통도 해서 볶음요릿집·오리고기집 등 여러 식당에 도 채소를 납품하고, 최근에는 '자제공덕회'慈濟功德會라는 대 규모 사회복지기관도 고객으로 유치했습니다. 그런 고객 은 부모가 일찍부터 쌓은 인맥으로 오랫동안 거래하며 전 화로 주문하는데, 앞뒤 없이 대충 몇 마디로 주문만 하고 전 화를 끊었습니다.

처음에는 어째야 할지 막막했습니다. 많은 고객이 따 로 연락 없이 월 결제를 하고 매일 고정적으로 납품을 받았 는데 이건 더 어려웠습니다. 고객마다 자주 주문하는 채소 가 다른데 모두 일일이 기억해야 했습니다. 값은 서로 한번 정하면 그걸로 끝이었습니다. 추가 주문도 등 뒤에 대고 한 번 소리치면 끝이라, 배달하고 와서 장부에 기재하는 것을 잊으면 그대로 큰 손해를 보았습니다. 대상자는 짐꾼 노릇 만 하기도 바쁜데 그런 것을 적을 손이 어디 있을까요? 이 런 장사 형태는 너무도 까다로워서, 저처럼 기를 쓰고 적어도 돌아서면 잊어버리는 사람은 감탄할 따름이었습니다.

면담할 때 장사 이야기 다음으로 많이 나누는 이야기 주제가 자녀 양육이었습니다. 대상자는 이혼한 뒤에도 전처와 함께 각자 친권을 획득했습니다. 자녀는 전처가 기르지만 대상자도 아버지로서 역할을 다하려 했습니다. 보호관찰 대상자 가운데 흔하지 않은 사례입니다. 금전적으로 양육비를 부담하려 할 뿐 아니라 '아버지'라는 역할에 따르는 교육적 책임도 이행하려 노력했습니다. 부부는 성숙한 태도로 헤어졌기에 전처도 자녀가 아버지의 관심과 사랑을 받는 것을 찬성했습니다.

대상자의 부모가 대상자 대신 자녀를 기른 것은 복역으로 발생한 장벽 때문이지만, 대상자에게는 가슴을 파고드는 상처였습니다. 많은 사람이 '아버지가 된 뒤에야 아버지 되기를 배우기 시작한다'고 합니다만, 아버지 노릇을 하기는 정말 어렵습니다. 요즘 아버지는 1960~1970년대처럼 돈을 벌어서 가족을 부양하기만 해서는 안 됩니다. 자녀에게 관심을 가지고 자녀를 이해하며 여러 측면에서 이끌어야 합니다. 절대다수의 보호관찰 대상자는 이 점에서 불합격일 뿐 아니라 오히려 자녀에게 어려움을 안기고 부모의 책임을 떠넘기기까지 합니다.

'좋은 아버지'가 되겠다는 흔치 않은 대상자를, 선생님이라고 불리는 제가 어떻게 잘 가르치지 않을 수 있을까요? 하지만 제 외모와 성별이 대상자에게 별로 신뢰를 주지 못했나 봅니다. 처음에는 애써 의심을 감추더군요. 자녀 양육에 관한 이야기를 지나가듯 하고 넘어갈 때마다, 전문가로서 뻔히 보이는 허점들을 그냥 흘려들을 수가 없었습니다. 제가 몇 가지 핵심적인 문제를 짚어내자 대상자의 눈이 휘둥그레졌습니다. "선생님, 어떻게 그렇게 잘 알아요?!"

저는 "제 전문이니까요" 하고 대답해야 할지 저를 얕본 상대를 비웃어 주어야 할지 몰라, 대답하지 않고 계속 자녀 교육 이야기를 하며 구체적인 실천 방안을 제시했습니다. 그렇게 전문가다운 이야기를 몇 번이나 들려주어도 대상자는 의아함을 감추지 못했습니다. 이번엔 정말 참을 수 없어서 물었습니다.

"이제 채소 가게의 모든 채소를 다 알죠?"

"당연하죠!"

"어떤 상황에서도 손님에게 소개할 수 있죠?"

"문제없죠!"

"그러니까 그게 채소 왕자의 전문 분야예요, 그렇죠?"

대상자가 잠깐 멍하니 있다가 알았다는 듯 되물었습

니다. "그럼 자녀 교육이 선생님의 전문 분야라는 거죠?"

"아뇨." 제가 아주 진지하게 말했습니다. "우리는 그런 대단한 이름이 없어요. 그냥 보호관찰관이면 이 정도는 다 하는 거죠!"

몇 년 뒤, 저는 가오슝을 떠났다 다시 돌아왔습니다. 대상자는 이미 보호관찰을 무사히 종료했지만, 저는 그 채소 가게 자리를 기억했습니다. 계속 그 자리에서 성실하게 일하는 대상자를 보고 싶었습니다. 경험에 따르면 출소한 보호관찰 대상자는 전화기·전화번호·직업을 바꾸고, 사람 자체가 증발하기도 합니다. 특히 마약범이 그러는 비율이 높습니다. 그러니 가게에 대상자가 보인다면 재범을 저지르지 않았다는 뜻입니다. 아쉽게도 처음 갔을 때는 대상자의 어머니가 홀로 오후의 가게를 힘겹게 지키고 있었습니다.

저는 단념하지 않고 희망을 안고 어쩌면 시간이 안 맞았을지도 모른다고 생각하고 다시 찾아갔습니다! 이번에는 서둘러서 아침 아홉 시 전, 시장에 사람이 몰리기 전에 일찍 찾아갔습니다. 멀리 대상자와 부모가 함께 손님을 맞는 모습이 보였습니다. 가게로 살그머니 다가가 평범한 손님처럼 먹고 싶은 채소를 골랐습니다. 대상자가 저를 금세 알아보고 인사했습니다.

"어라, 선생님? 돌아오셨군요!" 대상자가 들뜬 모습으로 부모님에게 제가 예전 자신의 보호관찰관이라고 소개하며 싸게 드려야 한다고 했습니다. 쾌활하고 성실하게 일하는 모습을 본 것만으로도 기쁘니 한 푼도 깎지 말고 정가대로 계산해 달라고 했습니다. 다만 고깃국 끓이는 데 쓸 거니까 파 밑단은 쳐 내지 말고요…….

대상자는 어떻게든 구실을 붙여 도매가로 주려 했습니다. 어쩌면 그 소박한 인정의 맛과 진정성이 그곳을 햇살처럼 따뜻하게 만드는지도 몰랐습니다. 저는 대상자의 전문성을 존중해 제철 채소를 추천해 달라고 했습니다. 대상자가 못생긴 죽순을 내밀었습니다. 저는 의심스러운 표정을 지었습니다. 저는 타이완에서 이름난 죽순 산지인 신베이시 산샤구 근처 출신입니다. 그곳 죽순은 달달한 배만큼이나 맛있었는데, 가오슝에서 산 죽순은 하나같이 못생기고 떫고 씁쓸했습니다. 그래도 대상자가 추천했으니 먹어 보기로 했습니다!

집에 돌아와 의심을 잔뜩 품은 채 죽순을 어슷하게 썰어 양념이나 소스 없이 날것 그대로 입에 넣었습니다. 연하고 부드러운 죽순이 앞니에 가볍게 씹히며 달콤한 즙을 내

뿜었습니다. 짙은 죽순 향이 입안 가득 퍼져 삼킨 뒤에도 여운이 남아 저도 모르게 한 조각 더 입에 넣었습니다. 채소 왕자가 고른 죽순에서 전문가의 내공이 드러났습니다!

오즈 나라의 도로시

그 대상자는 동료가 직무를 조정하면서 제게 넘어왔습니다. 인수인계할 때 이 대상자는 호스티스이고 임신 3개월쯤 되었으니 나중에 출산 복지가 필요할 수 있다고 동료가 알려 주었습니다. 제가 당연하다는 듯 물었습니다. "그럼 남자친구나 남편이 함께 살겠네요?" 동료가 의미심장한 미소를 지었습니다. "아뇨. 업소 손님의 아이거든요."

　네? 호스티스가 손님을 농락해 돈을 뜯는다는 이야기는 들었어도 손님 아이를 낳아 준다는 이야기는 못 들어 봤는데요. 상대가 화류계에서 벗어나게 해 주는 것도 아닌데 아이를 낳아 준다고요? 동료가 씁쓸하게 웃으며 어깨를 으쓱했습니다. "남자가 모른 척하면 어쩌나 걱정스러워서 이야기해 봤는데, 남자가 자기를 받아 주리라 굳게 믿고 계속 업소에서 일하며 분유 값을 벌고 있어요. 배를 가리지 못할 때까지 일할 거래요." 제 생각에는 동료가 남성이라 대상자에게 돌려 말해서 그런 거 아닐까, 나와 면담하러 왔을 때 같은 여성 입장에서 그 대상자에게 다시 잘 이야기하면 알아듣지 않을까 싶었습니다. 그때는 제가 앞으로 얼마나 많은 헛수고를 할지 예상하지 못했습니다.

첫 면담 날 도로시가 제 앞에 앉았습니다. 조금 놀랐습니다. 얼굴은 작은데 피부가 검고 이목구비도 뚜렷하지 않고 손발은 가냘프고 외모도 뛰어난 편은 아니고 청순하다고 하기에도 애매했습니다. 우선 도로시를 살짝 떠보았습니다. 임신해서 손님이랑 술도 못 마시고 이야기만 나눠야 할 텐데, 무슨 이야기를 해요? 도로시가 고개를 갸웃했습니다. "별 이야기 안 하는데……."

반응이 더디고 말도 느려서 매력이 없어 보였습니다. 몸놀림이 둔해 성적인 매력이나 귀여움이 느껴지지도 않고 여성스러운 면이 두드러지지도 않았습니다. 내심 놀랐지만 그 말을 입 밖으로 내어 차마 물어볼 수는 없었습니다. 도로시는 어떻게 호스티스 같은 일을 할 수 있지? 왜냐하면 제가 만난 8대 업종 여성은 모두 생존 지혜가 뛰어났기 때문이죠. 외모가 상당히 아름답거나 인간(또는 남성)을 깊이 이해했습니다. 대부분은 둘을 겸비했습니다. 그렇지 않으면 그 바닥에서 무슨 수로 남성이 기꺼이 지갑을 열게 할 수 있을까요? 저는 끈질기게 물었습니다. "배가 부르면 손님들이 알아차릴 테니 아무도 초이스하지 않을 거잖아요!"

도로시가 또 고개를 갸웃했습니다. "아직 괜찮아요, 안 보여서……." "어떻게 안 보여요? 외투 벗어 봐요." 도로시가 느릿느릿하지만 협조적으로 외투를 벗었습니다. 과연 배는 아직 많이 부르지 않았습니다. 하지만 저는 도로시가 어떻게 업소에서 일할 수 있는지 드디어 알았습니다. 딱 봐도 G컵이었으니까요! 손님이 도로시를 고르게 하는 데는 아무 말도 필요 없을 터였습니다. 얼굴보다 큰 가슴을 보자마자 사고 능력을 상실할 테니까요…….

당장 급한 문제는 배 속의 아이였습니다. 도로시가 행복이 넘치는 표정으로 선언했습니다. 아이를 낳을 거예요. 남자친구가 아이 낳고 산후 조리 끝나면 식 올릴 거라고 약속했어요. 도로시에게는 행복한 가정이 생기고, 둘이 타이베이로 가서 아이의 할아버지 할머니와 함께 살 거라고 했습니다. 두 분이 아이를 보살필 거라고……. 꿈에 취해 잠꼬대하는 듯한 도로시의 말을 끊었습니다. "남자친구는 만난 지 얼마나 됐어요? 어디서 만났어요? 무슨 일하는 사람이에요? 그쪽 부모님도 만났어요? 본인이 업소에서 일하는 걸 받아들여 줘요?" 도로시가 고개를 갸웃하고 한참 생각하다 천천히 입을 열었습니다. "업소에서 만났고요……. 저를 몇 번 골랐어요. 공장에 다니고요. 부모님을 만난 적은 없어요……. 말하기 그렇잖아요. 업소 일은 나중에 그만둘 거니까, 괜찮아요."

상상하기 어려웠습니다. 평범한 공장 노동자가 업소에서 그 정도 돈을 쓰다니, 씀씀이가 대단했습니다. 업소에 한 번만 온 것도 아니라니, 그런 남자와 평생 함께할 만할까요? 제가 두서없이 물었습니다. "아직 결혼하지 않았는데 아이를 가졌잖아요. 만약 그 '남자친구'라는 사람이 책임도 안 지고 결혼도 안 하고 아이도 인정하지 않으면, 혼자 아이 데리고 살 수 있어요?"

사랑의 늪에 빠져 헤엄치는 도로시가 웃음꽃을 피우며 단언했습니다. "선생님, 그럴 일은 없어요. 우리는 매일 라인 메신저로 연락해요. 그이는 출장 갈 때도 다 말해요.

그이는 진짜 저랑 결혼할 거예요. 아이도 얼마나 좋아하는
데요!" 머리가 지끈거리기 시작했습니다. "잠깐, 잠깐, 잠깐
만요. 그러니까, 아이 가진 뒤에도 같이 안 살고 그 사람이
타이베이 자기 집으로 돌아갔다는 거예요? 애초부터 같이
안 사는 거예요?" 도로시가 당연하다는 듯 말했습니다. "그
럼요! 그이는 타이베이 집으로 돌아갔어요. 제가 라인 메시
지로 아이 가졌다고 알렸더니 저한테 낳으라고 했어요!"

　그제야 이해했습니다. 동료나 제가 아무리 이야기해
도 도로시에게는 통하지 않는다는 사실을 말입니다. 저는
그저 남자친구를 설득해서 먼저 혼인신고부터 해야 더 확
실하지 않겠느냐고 권할 수밖에 없었습니다. 도로시가 역
시 고개를 갸웃거리며 달콤하게 웃었습니다. "선생님, 괜찮
아요. 그이가 지금 너무 바빠서 시간이 없다고, 아이 낳고
산후조리 끝난 다음에 같이 하면 된댔어요. 그이가 돈 벌어
서 결혼식 열어 줄 거예요! 그때 선생님도 꼭 오세요!"

　지끈거리는 머리에 핏대가 서기 시작했습니다. "잠깐,
다시 잠깐만요. 도로시, 혼인신고는 천 타이완 달러만 가지
고 요 맞은편 법원에만 가도 할 수 있어요. 자기가 타이베이
로 가서 남자친구와 같이 할 수도 있으니 기차 타고 갔다 와
서 저녁에 업소 나가도 돼요. 남자친구가 그 정도 시간도 못

내진 않을 거 아녜요?" "못 내죠! 바쁘니까요." "……"

시간은 쏜살같이 흘렀습니다. 도로시의 배와 가슴이 터질 것처럼 부풀었습니다. 하지만 가녀린 손발은 조금도 변하지 않아서 걸을 때마다 심하게 휘청거렸습니다. 다달이 면담하러 올 때마다 저는 갈수록 머리가 아찔하고 눈앞이 캄캄했습니다. 도로시가 '엄마 수첩'을 보이며 임신부의 기대와 기쁨을 유쾌하게 말했습니다. 초음파 검사했는데 아들이고 건강하대요. 하루하루 자라고 있어요. 칠 개월이 되면 타이베이 남자친구네로 가서 낳을 거예요. 그때 남자친구의 부모님과 처음 만날 터였습니다!

여기까지 듣고 저는 머리가 아찔하고 눈앞이 캄캄하다 못해 헛구역질이 날 것 같았습니다. 입덧해야 할 사람은 제가 아니라 도로시인데요! 상상이 안 되었습니다. 미래의 시부모를 처음 만나는데 이미 배가 잔뜩 불렀고, 생면부지의 집에 들어가 출산을 기다리는데 그게 어떻게 좋은 일이죠? 제가 도로시를 나무랐습니다. 그동안 뭐하고 이제야 낳으러 간다는 거예요? 그쪽 부모도 진작 만났어야 예의 아닌가요? 도로시가 또 고개를 갸웃했습니다. "저희 강아지 여덟 마리 때문에요. 첫째 토토, 둘째 토토, 셋째 토토, 넷째 토토, …… 걔네 돌봐 줄 사람을 찾느라고요! 인터넷에 맡아 주겠다는 사람이 많은데, 우리 토토들에게 좋은 주인을 골라 줘야죠!"

"강아지 기르는 건 좋은데, 본인 생활부터가 지금 문제잖아요. 무슨 강아지를 그렇게 많이 키워요!" 저는 화를 내기 시작했습니다. 그래도 도로시는 해맑게 웃었습니다. "처음에는 첫째 토토만 키웠는데요, 일하러 가면 너무 적적할까 봐 둘째 토토를 붙여 줬죠. 그랬더니 아가를 낳아서……." 강아지 토토들은 갈 데가 있는지 모르겠지만, 도로시는 없었습니다.

머지않아 도로시가 울면서 제게 전화했습니다. 남자친구가 자기를 쳐다도 안 보고 관심도 안 주고, 남자친구 어머니가 자기의 위생 관념을 못마땅해하고, 남자친구 아버지가 화장실을 너무 오래 써서 빈뇨에 시달리는 임신부인 자기는 화장실을 제대로 쓰지 못한다고 원망했습니다. 이제 타이베이에서 아이를 낳지 않으면 가오슝으로 돌아와 살 수도 없었습니다. 직업도 없고 모아 둔 돈으로는 아이를 키울 수도 없으니, 아이를 낳으면 나아지지 않을까 하면서 견디는 수밖에 없었습니다……. 도로시의 신세타령을 묵묵히 들으며 입 밖으로 나오려는 말을 간신히 참았습니다. "내가 뭐랬어요!" 미래에 반드시 실현될 예언도 말하지 않았습니다. 도로시가 아이를 낳은 뒤에도 상황은 나아지지 않으리라는 것 말이죠.

과연, 산후조리 기간 동안 도로시의 원망은 더 커졌습니다. 젖을 먹이는 방식부터 산후조리 금기, 언제 결혼식을 올릴지 등 세세한 문제 하나까지 남자친구와 부딪혔습니다. 남자친구 어머니는 이미 도로시를 거들떠보지 않고 귀한 손자에게만 관심을 기울였습니다. 남자친구 아버지는 아예 도로시를 없는 사람 취급했습니다. 제가 다 화날 지경이었습니다. 아이를 낳고도 대리모보다 존중받지 못했습니다. 심하게 다툰 어느 날, 도로시가 회심의 일격으로 가오슝으로 돌아가겠다는 카드를 꺼냈습니다. 남자친구가 오히려 노골적으로 받아쳤습니다. "가! 애만 두고 가면 되니까!"

도로시가 절망해서 대성통곡했습니다. 이제 남자친구는 밤에도 돌아오지 않고 페이스북 프로필 정보에서 연애 상태를 싱글로 바꾸어 낯선 여자와 여행 간 사진을 올렸습니다. 도로시가 남자친구 마음을 돌리거나 자신을 낯선 집에 홀로 둔 남자친구에게 화를 내려고 전화를 걸어도 몇 마디 못하고 다툼이 벌어졌습니다. 결국에는 '수신 거부'를 당했습니다.

울고불고 매달리기를 몇 번, 두 사람의 관계는 설상가상으로 치달았습니다. 도로시는 가오슝으로 돌아가기로 마음먹고 짐을 쌌습니다. 남자친구는 딱 두 마디만 했습니다. "애는 포기하겠다는 걸로 알겠어! 애는 다시 못 볼 줄 알아!" 넋이 나간 도로시는 짐가방 위에 앉아 구슬피 울었습니다. 그 짐가방을 들고 가야 할지 말아야 할지도 몰랐습니다……. 다 울고 나서, 도로시는 빨개진 눈으로 훌쩍거리며 짐가방을 열고, 불쌍할 정도로 몇 벌 없는 임부복을 하나하나 꺼내 도로 옷장에 넣었습니다.

얼마 뒤 도로시는 결국 가오슝으로 돌아왔습니다. 사실 꼬리를 말고 도망쳐 왔다고 하는 편이 더 정확했습니다. 초보 엄마 도로시는 모유가 잘 나오지 않아 갓난아기를 배불리 먹일 수가 없었습니다. 그래서 우유를 먹이고 아이를 돌보는 일은 남자친구 어머니에게 넘어갔습니다. 모유가 안 나오는 도로시의 지위는 목장의 젖소만도 못했습니다. 아이를 안으려 해도 아이는 빽빽 울면서 오랜 시간 돌봐준 할머니 품에만 안기려 했습니다.

도로시는 좌절하고 낙담해서 남자친구, 남자친구 어머니와 대화하려 했습니다. 남자친구는 완전히 어머니와 같은 편이었습니다. 남자친구, 남자친구의 부모 그리고 금쪽같은 손자, 그들만이 완벽한 가족이었습니다. 도로시는 있어도 그만 없어도 그만인 지나가는 사람 1, 아니 모유가 없어서 가치를 잃은 젖소였습니다. 남자친구는 가정 폭력을 저지르지도, 직접적으로 욕하지도 않았지만, 도로시는 더 버틸 수 없었습니다.

면담실의 휴지가 도로시가 쏟아 내는 눈물 콧물과 함께 한 장씩 사라졌습니다. 솔직히 도로시를 어떻게 도우면 좋을지 알 수 없었습니다. 법적으로 도로시는 어떠한 상해도 입지 않았기에 가정 폭력 범죄가 성립하지 않았습니다. 갓난아이는 생모에게는 아니지만 양호하고 완벽한 보살핌을 받고 있었습니다. 사건 전체에 피해자도 가해자도 없었습니다. 오로지 서럽게 우는 여인 한 사람만 있었습니다. 저는 수정구슬 따위 없이도 도로시의 미래가 훤히 보였습니다.

혼자 가오슝으로 돌아온 도로시는 업소 일을 하며 모은 돈도 이미 떨어졌습니다. 본인 생활비도 문제인데 남자친구는 도로시에게 양육비를 부치지 않으면 아이를 보여 주지 않겠다고 했습니다. 도로시는 자기가 낳은 아이를 키우라고 남자친구에게 양육비를 부쳐야 했습니다! 이것은 법적으로 말도 안 되는 처사였습니다. 남자친구는 그런 돈을 요구할 권리가 없었습니다. 저는 도로시에게 면접교섭권을 청구하라며 가정 법원의 규정까지 상세하게 설명해 주었습니다. 도로시가 끝까지 차분히 듣고 나서 말했습니다. "됐어요, 돈 주면 되죠……."

　　지방검찰청에서는 다양한 취업 지원 활동이 이루어집니다. 저는 도로시를 여러 차례 떠밀었지만 도로시는 나타나지 않거나 다른 일을 찾았다고 핑계를 대기 일쑤였습니다. 결국 어렵사리 식당 종업원으로 들어갔지만 얼마 못 하고 업소로 돌아갔습니다. 예상은 했지만 도로시는 꽤 즐거워 보였습니다. 저도 성년인 도로시가 업소에서 일하겠다는 것을 막을 생각은 없었습니다. 면담하러 올 때마다 우는 일이 적어지고 웃는 일이 늘었습니다. 가장 즐거워한 것은 새 남자친구를 데려왔을 때였습니다. 잘생기고 멋진 연인이 채권 추심하는 사람이라며 잔뜩 들떠 소개했습니다. 두 사람은 친구 소개로 만나 달달하게 사귀고 있었습니다!

　　도로시는 전에 제가 나무란 말을 기억하고, 남자친구가 없을 때 말했습니다. "선생님, 이번 남자친구는 업소에서 만난 사람이 아니예요. 그러니까 지난번 그 사람하고는 달라요!" 합법적인 직업은 도로시의 자유로운 선택이었습니다. 성인인 남자친구도 도로시의 자유로운 선택이었습니다. 하지만 저는 이번에도 수정구슬 없이 도로시의 미래를 훤히 볼 수 있었습니다. 한 달쯤 지나 도로시가 제게 편지를 보냈습니다. 내용이 뒤죽박죽이었는데 대략 남자친구가 온라인에서 양다리를 걸치며 도로시를 농락하고 모욕하고 도로시의 마음에 상처를 주었다는 것이었습니다.

오즈의 마법사 이야기에서 도로시는 강아지 토토를 데리고 허수아비·양철 나무꾼·겁쟁이 사자를 만납니다. 이들은 위대한 마법사 오즈를 찾아가 각자가 가지지 못한 것을 가지게 해 달라는 소원을 빕니다. 허수아비는 뇌를, 양철 나무꾼은 마음을, 겁쟁이 사자는 용기를 원합니다. 토토를 품에 안은 도로시는 그저 집에 돌아가고 싶어 합니다. 현실 세계에서 저의 대상자 도로시는 집으로 돌아가고 싶지 않았지만 집으로 돌아왔습니다. 허수아비·양철 나무꾼·겁쟁이 사자가 원하는 것들도 저의 도로시에게는 없었습니다. 더 엉망인 건, 도로시 스스로 무엇이 없는지조차 모른다는 것이었습니다! 그러니 정말 위대한 마법사 오즈를 만난들 자신에게 부족한 것을 달라고 할 수도 없었습니다.

저는 도로시가 끊임없이 운명의 소용돌이에 말려들어 삶이 낙엽처럼 이리저리 뒤집히는 모습을 망연자실하게 바라볼 수밖에 없었습니다. 저의 탄식과 희망은 미약한 역풍에 불과해 도로시의 귀에 들어가지 못하고 운명의 소용돌이 속에서 사라졌습니다. 도로시는 자기 삶을 바꿀 뇌도 마음도 용기도 없이 가엾게 떠돌며 살았습니다.

잘 가 아랑

처음 면담할 때부터 저도 그 대상자를 좋아하지 않고 그 대상자도 저를 좋아하지 않았습니다. 서로 안 좋은 감정이 있었지만 노련하게 숨겼습니다.

제가 그 대상자를 좋아하지 않는 이유는 단순했습니다. 전과가 너무 많았습니다. 젊은 시절부터 교도소를 제집처럼 드나들었으니 나이를 먹어서는 변하기 어려울 것이었습니다. '중요한 타자'◎도 없었습니다. 그래서 제 고정관념에 따르면 별 희망이 없었습니다. 대상자가 저를 좋아하지

◎   정신분석학에서 '중요한 타자'(Significant Other)란 대상자가 중요하게 여기거나 모범으로 삼는 대상으로, 대상자의 사회화와 성격 형성에 영향을 줄 수 있는 사람이다. — 옮긴이 덧붙임

않는 이유도 단순했습니다. 그 전 가석방 때의 보호관찰관하고 별로 안 맞았습니다. 그놈이 다 그놈이라고 생각하는 식의 고정관념 때문에 저에게도 별로 기대가 없었습니다. 처음에는 그런 이유를 몰랐는데 아주아주 오래 면담해서 보호관찰 기간이 거의 일주일쯤 남았을 때 '실수로' 저에게 알려 준 것이었습니다.

아랑은 호적이 본가였지만, 처음부터 본가가 있는 고향으로 들어가려 하지 않았습니다. 동생 가족이 평온하게 사는데 방해하고 싶지 않다고 했습니다. 어차피 부모님도 돌아가시고 집에서 자기만 전과자라 동생 가족에게 영향을 끼치고 싶지 않다고 했어요. 그래서 근처 친구 집에 얹혀살고 친구가 자신을 데리고 일한다고 했습니다. 겉으로는 그럴싸한 이유이지만 마음이 놓이지 않았습니다. 열네댓 살부터 조직에 몸담은 아랑이 손을 씻고 머리를 조아리며 일한다는 것을 쉬이 믿을 수 없었습니다. 가족과 같이 살기도 싫다니, 아무래도 어두운 상상이 떠올랐습니다. 이른바 '친구'라는 사람이 실제로는 범죄 조직원이 아닐까 하고요. 수많은 범죄 조직원들이 이른바 '친구'의 집에 숨어서 총기를 한가득 쌓아 두고 마약을 대량으로 제조합니다……. 저는 말없이 기습적으로 출장 면담을 나갔습니다!

아랑은 집에 없었습니다. 함께 사는 친구는 아랑이 일하러 갔다고 했습니다. 평범한 시골 단독주택이었습니다. 아래층에는 텔레비전·냉장고·낡은 등나무 의자 몇 개가 있었습니다. 의자의 등나무 줄기는 대부분 끊어지고 사방에 먼지가 뽀얗게 앉아 검소하고 소박해 보였습니다. 아랑의 친구가 손님을 대접하며 드나드는 모습을 보건대 조직 세계 사람 같지는 않았지만 순수하게 선량한 사람 같지도 않았습니다. 상상했던 총기나 마약이 없어서 목숨은 건져 나올 수 있었지만, 아랑 친구의 말은 별로 믿기지 않았습니다.

면담할 때 아랑을 떠보았습니다. 아랑도 제가 자신을 별로 믿지 않는다는 것을 알고, 일이 잘 풀리지 않아서 있을 때도 있고 없을 때도 있지만 그날은 정말 일하러 나갔었다고 담백하게 말했습니다. 그 뒤, 아랑은 공사장에 나간다고 했다가, 제방 건설 현장으로 옮겼다고 했다가, 마지막에는 새벽 어시장에서 생선을 썬다며 어시장 근처로 집을 옮겼다고 했습니다. 진실인지 거짓인지, 꽤 오랫동안 판단하기 어려웠습니다. 하지만 자신이 방수 작업복을 입고 농어를 산 채로 잡아 머리와 꼬리를 썰거나 갯농어 내장을 손질하는 일을 묘사하는 말은, 확실히 바닷사람이 생선을 손질하는 습관에 부합했습니다. 그래도 그 말을 백 퍼센트 믿을 수는 없었습니다.

어느 날 면담에서 아랑이 오자마자 평소와 달리 하소연을 늘어놓더니 펑펑 울면서 '하마터면 무덤 갈 뻔'했다며 그보다 더 비참할 수 없을 지경이었다고 했습니다…… 한참을 울고 나서야 자초지종을 들을 수 있었습니다. 삼십 년 동안 칼을 휘두르며 무서울 것 없이 산 아랑이, 작아서 보이지도 않는 비브리오균에게 무릎을 꿇은 것이었습니다! 생선을 썰다 날카로운 지느러미에 손가락을 벴는데 상처가 별로 깊지 않아 신경도 쓰지 않고 약조차 바르지 않았습니다. 그날 밤 자려는데 갑자기 오한이 들고 열이 심하게 나면서 온몸에 힘이 쭉 빠지고 여기저기에 극심한 통증이 오면서 매스꺼움과 구토감을 느끼고 설사도 했답니다.

혼자 어시장 근처 단칸방에 살다 보니 살려달라 소리쳐도 들을 사람이 없었습니다. 밤새도록 고통을 참으며 얇은 침대 매트리스가 땀에 젖어 축축해질 정도로 데굴데굴 굴렀습니다. 날이 밝아서야 침대에서 겨우 기어 내려와 손을 더듬어 휴대전화를 찾아 친구에게 전화해 병원에 데려가 달라고 부탁했습니다. 의사가 아랑의 상태를 진찰하더니 두말없이 당장 입원하라고 명령했습니다. 서둘러 치료

하지 않으면 정말로 사망할 수 있을 정도로 위험하다면서요. 그렇게 평생 두려울 것 없던 아랑이 고작 비브리오균에 당한 것입니다.

병이 낫고도 아랑은 용감하게 어시장에서 계속 일했습니다. 제가 가오슝 강산 어시장에 찾아갔을 때는 벌써 시간이 늦어 가게들이 문을 닫고 스티로폼 상자와 생선 비린내가 물씬 풍기는 물기만 가득했습니다. 발길을 돌려 아랑의 셋집이 있는 건물로 갔습니다. 건물 일층에 걸린 방수복 두 벌 가운데 한 벌에서 물이 뚝뚝 떨어지고 있었습니다. 아랑은 저를 보고 무척 반가워했습니다. 이날부터 아랑은 저에게 걸어 다니는 '조직 문화 백과사전'이 되었습니다.

젊은 시절 지하세계에 몸담았던 아랑의 하루는 저녁에 시작했습니다. 일어나서 이 닦고 세수하고 멋들어진 명품 옷에 롤렉스 데이-데이트 또는 데이토나 시계◎2를 착용하고 BMW에 시동을 겁니다. 조직 형제들과 함께 저녁을 먹고 업장으로 갑니다. 아랑은 요즘 업장 문화에 불만이 큽니다. 너무 품격이 없다는 것이지요! 예전에는 업장에서 음악을 틀지 않고 직접 연주했거든요. 그래서 그 시절 타이완에서는 '업장에 간다'는 말을 '비트 들으러 간다'고 했습니다. 저는 그 시절을 겪을 인연은 없었지만 아랑에게 들을 인

◎2　롤렉스 18K 금시계. 매우 비싸고 시곗줄과 케이스가 모두 순금이며, 다이얼에 다이아몬드가 별처럼 박혀 있어 중화권에서는 만천성(滿天星)이라고 부른다. 1990년대에서 2000년대 사이 신분 지위의 상징이었다.

연이 있었습니다. 제가 상상하기로는 타이완 가수 진먼왕과 리빙후이가 부른 「오디세이」流浪到淡水라는 노래에서 느껴지는 유랑의 분위기가 느껴졌습니다.

말은 이렇게 하지만 업장에 가는 핵심 목적은 음악이 아니라 주색이었습니다. 저녁 여덟 시쯤 업장에 도착해 형제들 다섯 명이 적어도 열 명 정도의 호스티스와 따로 술 따르는 에이스를 불러 즐겼습니다. 늘 열두세 명 남짓의 여성에게 둘러싸여 즐긴 것입니다. 기본으로 로얄살루트 한두 병은 따 놓고 술을 마시며 게임을 하고 일 이야기를 하면서 술잔과 담배, 욕설과 웃음 사이에서 오로지 입으로만 전해지는 중요한 정보를 교환했습니다. 어디서 누구에게 돈을 뜯을 수 있는지, 누구의 지위가 불안정한지, 누구의 야심이 큰지, 누구의 아우가 일이 났는지, 이번 무기는 어느 항구로 들여오는지, 어느 짭새의 약점이 무엇인지…….

입과 함께 손도 쉬지 않았습니다. 계속 끌어안고 더듬으며 마음에 드는 여성을 찾았습니다. 보통 업장에 두 시간쯤 머무르면 다른 업장으로 자리를 옮겨 같은 일을 반복하고, 다시 두 시간쯤 머무른 뒤 다른 업장으로 자리를 옮겨 같은 일을 반복했습니다. 그렇게 세 곳 정도를 돌며 저마다 마음에 드는 여성을 찾아 호텔로 데려가 성매매로 밤을 보냈습니다. 그리고 몽롱한 새벽 어스름 속에서 하루를 마쳤습니다. 두터운 암막 커튼 뒤에서, 아랑은 언제나 해를 보지 않고 살았습니다.

그 지나간 '위대한 업적'을 아랑은 그리워하지도, 숨기지도 않았지만 함부로 입 밖으로 내지도 않았습니다. 지금은 한 달 동안 죽어라 땀흘리며 입원까지 하며 일해도 겨우 삼만 타이완 달러를 벌지만, 그 시절에는 하룻밤에 이십만 타이완 달러를 쓰면서 눈도 깜짝하지 않았습니다. 돈은 뿌리는 데 쓰는 것인 듯 팁도 '다발'로 주었습니다. 조직의 형제들은 가석방으로 출소한 아랑에게 다시 주먹 세계를 제패하자며 적극적으로 손을 내밀었습니다. 아랑은 마음만 먹으면 총이든 돈이든 마음대로 손에 넣을 수 있는 서열이었습니다. 아랑이 왜 기어코 그런 생활로 돌아가려 하지 않는지 이해할 수 없었습니다.

말주변이 뛰어나고 머리 회전이 빠른 아랑은, 평소 이야기를 시작하면 청산유수였고 때로는 타이완 사투리를 저도 알아듣기 어려울 만큼 유창하게 구사했습니다. 하지만 돌아가지 않는 이유에 대해 아랑은 딱 두 마디만 말했습니다. "팔 할은 스스로 다시 돌아가고 싶지 않아서입니다. 이 할은 부모님이 돌아가셨기 때문이고요." 무슨 뜻인지 물으니 갑자기 목소리가 착 가라앉으며 천천히 회상에 잠겼습니다. "아버지가 보기에 저는 동네에서 공부를 제일 잘하는 아이였습니다. 시험은 대충 봐도 늘 일등이었지요. 아버지는 제가 상을 탈 때마다 낡은 거실 벽에 자랑스럽게 상장을 붙이셨습니다. 한 장, 한 장, 벽에 가득 찰 때까지……" 안타깝게도, 상장이 낡은 벽은 가릴 수 있었지만 비처럼 스며드는 유혹은 가릴 수 없었습니다. 아랑은 가장 빠른 속도로 돈을 벌기로 결심하고, 중학교 이학년 때 학교를 그만둔 뒤 돌아올 수 없는 길에 올랐습니다. 옳고 그름이 분명한 아버지는 불같이 화를 내며 벽에 있는 상장을 모두 뜯어 갈기갈기 찢었습니다. 아랑과 가족 사이의 관계도 갈기갈기 찢어져 다시는 되돌릴 수 없었습니다.

사람이 중년에 접어들면 자신의 가치와 자신 또는 타인이 세상을 살아가는 의의를 생각하기 시작합니다. 에릭슨이 주장한 '심리사회적 발달 단계' 이론을 참고할 수도 있겠고, 간단하게 '중년의 위기'라고 할 수도 있겠습니다. 아랑의 삶은 중년 위기의 역전이라고 할 만했습니다. 젊은 시절에 경험하지 못한 고생, 해 보지 않은 일을 중년에 새로 시작했습니다. 경제적으로나 일상생활 측면으로나 사실은 뒷걸음질하는 셈이라 그런 고생과 가난한 생활을 오래 견디지 못할까 봐 저는 걱정스러웠습니다. 하지만 아랑은 꾸준히 일했습니다. 생선 가게 사장님도 아랑을 좋게 보았습니다. 아랑은 돈을 모아 시장에 따로 작은 가게를 차렸습니다. 아랑은 무사히 보호관찰 기간을 마쳤고, 저에게 새해맞이 엽서도 부쳐 주었습니다. 그 엽서는 색이 바랜 채 지금까지 제 사무실 책상에 붙어 있습니다.

그 뒤 아주아주 오랜 세월이 흘러, 어느 무더운 점심시간 아랑에게 전화를 받고 온갖 근심이 날아가는 듯했습니다. 아랑은 어시장에서 돈을 벌었지만 나중에는 가게를 닫고 직장을 다녔습니다. 직장 생활은 쉽지 않았습니다. 다른 지방에서 다른 일을 하고, 가오슝으로 돌아와 또 다른 일을 배웠습니다. 어쨌든 보호관찰관이 보기에 아랑은 재범을 저지르지도 않고 조직으로 돌아가지도 않고 열심히 생활하고 있으니 무척 잘된 일이었습니다.

전화로는 거짓말할 수도 있지만, 직접 얼굴을 맞대면 거짓말하기 어렵습니다. 보호관찰을 마친 지 예닐곱 해가 지나서 스스로 보호관찰관에게 인사하러 온 사람이라면 더 그렇습니다. 아랑을 만나 기쁨에 겨워 말했습니다. 부모님은 돌아가셔서 아랑을 자랑스러워할 수 없지만, 그 결심과 끈기를 내가 자랑스러워한다고요! 말하고 나서 생각해 보니 아랑이 저보다 나이가 훨씬 많은데 이런 말로 격려하면 예의 없어 보일지도 모르겠다 싶었습니다. 아랑은 대답하지 않고 엷게 웃었습니다.

아랑은 제가 출장 면담으로 갑자기 찾아간 뒤에 했던 충고를 또 했습니다. "선생님, 혼자 면담 갈 때는 조심하세요. 나쁜 놈 집에 함부로 들어가지 말고요. 비 오는 날에는 운전 천천히 하세요. 건강 주의하시고요. 점심시간까지 전화하느라 낮잠도 못 자고 그러면 안 돼요……." 아랑은 이제 면담하러 온 보호관찰 대상자가 아니었습니다. 저는 아랑을 귀빈으로 대접하고 검찰청 입구까지 배웅하며 웃는 얼굴로 손을 흔들어 주었습니다. 아랑도 미소 지으며 허리를 꾸벅 숙였습니다. 이제 아랑은 명품이 아닌 길거리표 옷을 수수하게 입었지만, 제 눈에는 아랑의 몸가짐 하나하나가 젊은 시절 한창때처럼 멋졌습니다.

잘 가요, 아랑!

아랑, 또 만나요!

21 소년의 상처

보호관찰관이 성범죄자의 범죄 유형을 살펴보면, 대체로 폭력·협박·마약 등 무시무시한 방식으로 피해자를 강간한 사건이 많습니다. 사건 경위가 대단히 끔찍하지요. 하지만 가끔은 '편한 건이네' 싶은 대상자도 있습니다. 이런 대상자를 타이완 보호관찰관은 '양소무시'兩小無猜◎라고 합

◎   타이완 형법에는 흔히 '양소무시'라 불리는 조항이 있다. '양소무시'란 당나라 때 시인 이백이 지은 시 '장간행'에 나오는 "장간리에 함께 살 적, 서로 어려 순수했네"(同居長干里, 兩小無嫌猜)라는 구절에서 딴 말이다.

타이완 형법 제229조의 1에 따르면, 만 18세 미만인 자가 형법 제227조의 죄를 저지르는 경우 그 죄는 친고죄이다. 타이완 형법 제227조의 1은 이렇게 규정한다. "만 18세 미만인 자가 앞의 조항의 죄를 저지르면, 그 형을 경감하거나 면제한다." 여기서 '앞의 조항의 죄'란 '미성년 커플'이 행한 성관계를 뜻한다. 다시 말해 이 조항은 '미성

245

니다.

　만 열여덟 살을 갓 넘긴 어린 남성 대상자가, 만 열여섯 살이 안 된 여자친구를 사귑니다. 두 사람은 사랑에 빠집니다. 여자친구는 스스로 원해서 대상자와 성관계를 합니다. 이런 상황에는 보통 양쪽 가족이 나서서 합의하고 판사도 집행유예를 선고합니다. 이런 사건의 대상자는 대부분 전과가 적거나 아예 없고, 나이가 어리며 충동적이지만 본성은 나쁘지 않습니다. 조금 제멋대로이기는 해도 함부로 행동하지는 않아서 면담에도 잘 협조하지요. 저는 그런 대상자를 받을 수 있으면 행운이라는 생각을 아주 오랫동안 했습니다. 나중에야 그 생각이 한참 잘못되었음을 알았습니다. 바다를 항해하는 타이타닉호처럼 수면 위로 드러난 빙산만 보고 그 아래 얼마나 커다란 빙산이 잠겨 있는지는 못 보았던 셈입니다.

　샤오카이는 '양소무시'로 집행유예를 받은 대상자였습니다. 면담도 잘 나오고 말썽을 일으키지도 않았습니다. 직업이 자주 바뀌기는 했지만 적어도 합법적인 범위 안에서 꾸준히 일했습니다. 식당 종업원과 피시방 아르바이트를 거쳐 공사장에서 견습생으로 일했지요. 어느 날 땡볕에서 일하느라 너무 더웠는지 스포츠머리로 이발을 하고 왔

남자끼리의 관계는 순수한 것으로 간주한다'는 것이다. 그래서 타이완 사람은 이 조항을 '양소무시'라 부른다. — 옮긴이 덧붙임

는데 머리의 상처가 눈에 띄었습니다. 분명 오래되어 보이는데 머리카락 한 올도 없이 선홍색으로 구불구불하게 부어올라 지네를 얹어 놓은 듯했습니다. 어쩌다 다쳤는지 관심을 보이니, 초등학교 때 맞았는데 꿰매지 않아서 그렇게 이상한 모양이 되었다고 곧바로 대답하더군요.

어느 각도로 손을 대면 상처의 어느 부분을 만질 수 있는지 아주 익숙한 모습이었습니다. 보기만 해도 제 머리가 다 아팠습니다. 키가 작은 제가 상처를 보여달라 하니 몸집이 큰 샤오카이가 고분고분 머리를 숙였습니다. 상처가 정수리에서 가마를 지나 뒷머리로 길게 이어졌습니다. 거기에는 제가 모르는 과거가 쓰여 있었습니다. 눈물 콧물이 가득한 이야기이리라 짐작하고 일부러 최대한 부드럽게 물었습니다. 어쩌다 그랬는지 이야기해 줄래요?

샤오카이가 허공을 멍하니 바라보며 무덤덤하게 어떠한 감정도 싣지 않은 목소리로 털어놓았습니다. "어릴 때 삼촌이랑 같이 살았는데, 삼촌이 절 싫어해서 자주 맞았어요. 초등학생 때였나, 뭘 잘못했는지 모르겠는데 옆에 있던 재떨이로 머리를 때렸어요. 더 맞을까 봐 방으로 도망가서 문을 잠갔죠. 왠지 얼굴에 물이 흐르는 느낌이 들어서 슥 닦아 보니 피더라고요.

침대 밑에 싸구려 두루마리 휴지가 있었거든요. 표면이 오돌토돌해서 그걸로 문대면 꺼끌꺼끌했어요. 근데 피가 계속 나니까 안 닦을 수도 없잖아요. 닦고, 또 닦고, 아무리 닦아도 계속 나더라고요. 휴지 부스러기가 온몸에 묻었어요. 빨간 부스러기, 하얀 부스러기, 분홍 부스러기도 있었죠. 뭉텅이로 풀어서 틀어막고서야 피가 멎더라고요. 휴지 다 썼다고 또 맞을까 봐 아무한테도 말 안 하고 병원도 안 갔어요. 머리카락에 가려서 보이지도 않고, 만지지 않으면 아프지도 않으니까요. 혼자 빨간약 같은 거 몇 번 대충 발랐더니 낫더라고요……. 아무도 몰라요."

핏자국 선명한 어릴 적 이야기를 눈물 콧물은커녕 표정 하나 없이 풀어냈습니다. 오히려 듣는 제 가슴이 아프더군요. 하지만 보호관찰관이 감정을 지나치게 표출하거나 힘들어하는 모습을 보이면 문제를 해결할 수 없지요. 저는 전문가답게 씁쓸함을 삼키고 이성적으로 샤오카이의 화법을 분석했습니다. 어린아이가 가정 폭력을 오래 겪으면 감정과 자아를 분리하는 법을 너무 일찍 체득하고, 심하면 해리장애◎2를 앓기도 합니다. 이것은 어린 동물이 위협을 받을 때 취하는 가장 효과적인 생존 방식이기도 합니다. 따라

◎2 '해리'는 심리학과 정신의학에 나오는 심리적 방어 기제의 한 가지로, 스트레스나 상처에서 벗어나 자신을 보호하려는 기제이다. 사람이 심리적으로 극도의 스트레스나 상처를 받으면 감각기관이 느끼는 감각을 주변 환경으로부터 분리함으로써 정서가 붕괴되거나 심신이 상처받는 것을 막는다.

서 저는 질문을 바꾸었습니다. "혼자만 맞고 다른 아이는 안 맞았어요? 삼촌 말고 다른 사람은 때리지 않았어요? 그때 말고 또 어떤 상황에서 맞았어요?"

샤오카이는 여전히 무덤덤하게 허공을 바라보았습니다. "저만 맞지는 않았는데 아무래도 집에 있으면 제가 주로 맞았죠. 왜 맞았는지는 모르겠지만, 삼촌은 옆에 뭐가 있든 아무거나 집어 들고 때렸어요. 빗자루·옷걸이·냄비·삽·나무막대기·병, 뭐든지요. 밥 먹다 국자로 맞은 적도 있어요. 그건 좀 짜증났어요. 교복에 국물이 묻었는데 아무리 빨아도 냄새가 안 빠지더라고요……. 근데요, 사실 맞는 건 아무렇지도 않아요. 그냥 아프면 되거든요. 익숙해지면 괜찮아요."

"맞는 게 익숙해졌다고요?" 미간을 찌푸리며 물었습니다. "네, 맞는 건 아무것도 아네요. 안 맞으면 화장실에 갇혔거든요. 처음에는 어두우니까 무서워서 막 울고 소리를 질렀죠. 그렇게 종일 아무것도 못 먹고 갇혀 있기도 했어요. 그래도 길어야 하루였죠. 배가 너무 고프면 견디기 힘들기는 한데 물을 꾸역꾸역 마시면 한결 낫더라고요. 암튼 그런 건 다 견딜 만했어요……."

듣다 보니 어찌나 가여운지 눈물이 핑그르르 도는데

정작 본인은 차분했습니다. 고작 초등학생인 아이가 그런 고통을 겪고도 180센티미터의 사나이로 자라났습니다. 덩치에 비하면 몸에 난 상처는 아무것도 아니었습니다. 마음에 남은 상처야말로 회복하기 어려운 법이거든요.

사람이 우발적인 공격이나 천재지변을 겪으면 흔히 외상 후 스트레스 장애PTSD가 발생합니다. 대상자가 사건을 서술하다가 당시의 상처를 다시 경험하면서 신체가 경직되거나 오열하거나 심하면 혼절하는 일도 흔합니다. 하지만 이런 일을 두 번, 세 번 반복해서 겪으면 오히려 상처가 마음속 깊은 곳에 있는 감정의 화산을 덮어 버립니다. 샤오카이는 가정 폭력을 당연한 것처럼 받아들이고 모든 일을 담담하게 묘사할 정도이니, 얼마나 심각한 고통을 겪었는지 상상조차 할 수 없었습니다. 게다가 맞고, 굶주리고, 화장실에 장시간 갇히는 처벌이 '괜찮다'니요?

"그럼 어떤 상황이 가장 힘들었어요?" 온 면담실에 자애가 넘쳐날 만큼 부드러운 목소리로 물었습니다. 눈앞에는 스무 살 건장한 사내가 아니라 온몸에 상처 입은 여덟아홉 살 난 소년이 앉아 있었습니다.

"어느 날 삼촌이 다 같이 놀러 가자고 했어요. 한 번도 그렇게 놀러 나갈 기회가 없었으니 잔뜩 신이 났죠. 삼촌은 모두를 차에 태우고 산에 경치를 보러 갔는데요. 삼촌 차를 타고 가는 길에 창밖으로 머리를 내밀고 바람을 쐬면서 한껏 들떴어요. 그런데 다 놀고 나서 삼촌이 차에 타라고 부르는 소리를 저만 못 들은 거예요. 그대로 자기들끼리 출발해 버리더라고요! 처음에는 천천히 가길래 계속 쫓아갔어요. 그러다 점점 빨라지니까 쫓아가다 넘어지고, 또 얼른 일어나서 쫓아가고, 그러면서 계속 쫓아간 거예요! 쫓아가는 내내 숨이 차도록 울면서도 멈출 수가 없었죠. 그렇게 한참을 달린 다음에야 삼촌이 멈췄어요. 제가 차에 타니까 다들 비웃더라고요. 사내자식이 운다고. 삼촌이 제일 크게 웃으면서, 그냥 장난 좀 쳤는데 울고 호들갑이냐고 놀렸어요……."

샤오카이는 점점 울먹이면서 눈시울을 붉혔습니다. 저는 자동차를 따라 헉헉거리며 죽도록 달리는 남자아이의 짧게 자른 머리에서 땀이 비처럼, 뺨에는 눈물이 비처럼 흐르는 모습이 눈에 선했습니다. 샤오카이는 눈물을 잠시 찔끔하다 말았습니다. 이제는 허공이 아니라 저를 보았습니다. "사실 맞고 굶는 건 별로 힘들지 않아요. 그때 버려진 게 가장 힘들었어요. 좀 크고 나서 계속 궁금한 일이 하나 있었는데 지금도 답을 몰라요……. 아빠가 엄마랑 이혼하고 타이베이로 일하러 갈 때 왜 저를 삼촌한테 버렸는지 모르겠어요. 할아버지랑 같이 살기는 했지만, 삼촌은 혼자 벌어서 할아버지에 저까지 먹여 살려야 하잖아요. 삼촌도 녹록지 않았을 테니 저를 싫어한 것도 당연하고 삼촌이 뭘 잘못했다고 생각하지도 않아요. 그치만 아빠랑 엄마는 왜 둘 다 저를 버렸을까요? 제가 필요 없으면 저를 왜 낳았을까요? 왜?"

　평소 면담실에서 제가 대답하지 못하는 문제는 거의 없습니다. 하지만 샤오카이의 그 질문에는 대답할 말이 없었습니다. 다른 질문을 더 할 수도 없었습니다. 상처 입은 과거 이야기를 들어주는 사람은 그때까지 아무도 없었고, 샤오카이 본인도 별로 신경 쓰지 않았습니다. 자신의 아픔을 효율적으로 처리했기 때문입니다. 복잡하게 얽히고설킨 절망·고통·의문의 실타래를 고치처럼 하나로 뭉쳐 마음속 가장 구석진 곳에 쑤셔 넣은 것입니다. 그날 침대 밑에 있던 휴지처럼, 제가 어쩌다 샤오카이 머리의 상처를 발견해 마음의 피를 건드린 뒤에야 진정한 감정이 흘러나온 것입니다. 저는 정신과 의사나 심리상담사를 저에게 소개받거나 스스로 찾아 상담받기를 권했습니다. 어떤 기관의 어떤 사람이라도 좋았습니다. 하지만 샤오카이는 일언지하에 거절했습니다. "싫어요."

"왜 싫어요? 이런 부분은 내가 돕는 데 한계가 있어요. 심리상담사 선생님이랑 이야기하면 도움이 될 거예요."

"선생님한테는 이야기했지만 다른 사람한테는 이야기하기 싫어요. 가라고 하지 마세요. 나중에 말하고 싶을 때 다시 하면 되잖아요."

"하지만……."

"됐어요, 됐다고요, 선생님, 말씀은 알겠는데, 오후에 저 또 일하러 가야 해요!"

샤오카이가 제 말을 억지로 자른 것은 처음이었습니다. 아직 보호관찰 기간이 많이 남았으니 괜찮다고 생각했습니다. 집행유예에 붙는 보호관찰 기간은 보통 삼 년에서 오 년 정도라, 천천히 설득해 병원으로 보내면 될 테니까요.

얼마 뒤 샤오카이의 전 여자친구가 재고소를 했습니다. 판결할 때 합의해서 집행유예를 받았지만, 매달 지급해야 하는 배상금을 샤오카이가 전혀 지급하지 않았기 때문입니다. 이것은 집행유예의 중요한 조건 가운데 하나로, 배상금을 지급하지 않으면 집행유예가 취소될 수 있습니다. 샤오카이는 별로 대응할 마음이 없다는 듯 고개만 가볍게 끄덕이며 알았다는 표시를 했습니다. 그 뒤 음주 운전으로 몇 번 더 체포되면서 결국 집행유예가 취소되었습니다. 샤오카이는 언제나처럼 무심하고 담담한 표정으로 그 상황을 확인한 뒤 제 면담실에서 조용히 사라졌습니다.

샤오카이를 다시 만나지는 못했습니다. 하지만 '샤오카이 2호' '샤오카이 3호' '샤오카이 4호' '샤오카이 5호'가 계속 나타났습니다……. 하나같이 아버지가 곁에 없고 가정폭력을 당하고 양소무시 성범죄를 저질렀습니다. 처음에는 저마다 특수한 대상자라 여겨 경험 많은 선배에게 물었습니다. 선배가 이야기를 듣자마자 고개를 끄덕였습니다. 나도 그런 대상자 많아요!

어째서죠? 선배는 그게 특수한 현상인지는 확신하지 못하겠다며 고개를 갸웃했습니다. 하지만 귀납하면 전형적이고 흔한 대상자였습니다. 이 문제는 제 머릿속을 떠나지 않고 맴돌았습니다. 다른 선배에게 묻고 자료를 찾아도 까닭을 알 수 없었습니다. 그러는 동안에도 '샤오카이 8호' '샤오카이 9호'가 끊임없이 제 면담실에 나타났습니다.

몇 년이 더 흐른 뒤 어떤 책[3]을 읽었습니다. 이 책에 나오는 연구에 따르면, 아버지가 없는 젊은 남성에게 남성성을 보상받으려는 행위가 과도하게 나타납니다. 본받을 대상이 없는 상태에서 어떤 방식으로 남성적이 될 수 있는지 스스로 제대로 알지 못하기 때문에, 과도한 공격성을 띠

---

[3] *Life Without Father: Compelling New Evidence That Fatherhood and Marriage Are Indispensable for the Good of Children and Society*, David Popenoe, Free Press(New York), 1966.

거나 성적으로 정복하는 방식을 통해 자신의 남성성을 드러냅니다. 이런 남자아이는 빨리 자라 독립적인 남성이 되기를 갈망하고, 다른 남자아이보다 더 일찍 아버지가 되어 어릴 적부터 결핍된 아버지의 자리를 스스로 채웁니다. 어쩌면 그것이 샤오카이가 일찍 여자친구를 사귀고 성관계를 가지고 여자친구와 가정을 꾸려 자신이 태어난 가정을 벗어나려 한 이유인지도 모릅니다. 샤오카이는 자기 힘으로 과거에 잃어버린 '아버지'의 자리를 채우려 했기 때문입니다.

2020년, 미국 하버드·스탠퍼드·워싱턴 대학교가 공동으로 대규모 연구를 진행했습니다. 연구 결과, 가정 폭력을 당한 아동에게서 독특한 성조숙 상태가 발현되고, 이들은 일반 아동보다 일찍 사춘기에 접어들었습니다. 하지만 동시에 세포 노화가 빨라지고 대뇌피질이 얇아져 충동 조절 능력이 약해지고 인간관계가 취약해졌습니다. 달리 말해, 가정 폭력을 당한 아동의 대뇌는 자신이 처한 극심한 스트레스의 환경에 반응하고자 스스로 변화합니다. 당장 내일 생존할 수 없을까 봐 성적으로 일찍 성숙하여 다음 세대를 낳아 자기 유전자의 대가 끊기지 않게 하려 합니다. 이것은 단기적으로는 생물이 생존하는 데에 도움이 되지만, 장기적으로는 샤오카이와 같은 아이가 성장하는 데에 지장을 줍니다. 신체적으로는 성숙하지만 심리·지능적으로는 성숙하지 못합니다. 샤오카이는 분명히 아직 어린데도 어른 남성을 가장했습니다. 법적으로는 가해자이지만 실질적으로는 드러나지 않는 가정 폭력의 피해자였습니다. 가정 폭력은 컴퓨터의 삭제 버튼처럼 샤오카이가 응당 누렸어야 할 어린 시절을 잔인하게 삭제했습니다.◎4

　이 아이들은 어른이 되어도 'Boys to Men'을 실현하지 못합니다. 이 아이들이 사랑을 할 때 상상하는 것은 유명한 아카펠라 음악 「I'll Make Love To You」◎5의 세상입니다. 하지만 현실은 바늘이 튄 턴테이블처럼 대답할 수 없는 문제의 한 마디 가사만 반복됩니다. 'Why, tell me why? Tell me why……'

◎4　그렇다고 해서 양소무시 성범죄로 집행유예를 받은 모든 사람이 반드시 가정 폭력을 당했다는 것은 아니다. 이것은 내가 업무 중 그러한 상황을 자주 겪었다는 개인적인 경험만을 뜻한다.

◎5　미국의 고등학생 네 명이 만든 아카펠라 그룹 '보이즈 투 맨'Boyz II Men이 1994년에 발행한 앨범 『II』에 수록된 명곡. 이 앨범은 제37회 그래미 수상식에서 최우수 R&B 앨범상을 받았다.

젊은 베르테르의 슬픔

**저희에게 아이가 생겼는데
어떡하죠?**

독일의 대문호 괴테의 대표작 『젊은 베르테르의 슬픔』은 시나 그림처럼 아름답고 비극적인 사랑 이야기입니다. 괴테의 펜 아래 베르테르는 계몽사상의 영향을 받아 각성한 청년으로 자연을 사랑하고 자유롭고 독립적인 인격을 추구하며 신분제와 법과 도덕을 멸시합니다. 저의 대상자들과 그 가정생활도 베르테르와 같은 슬픔을 안고 있습니다. 하지만 다른 점은, 그들 대부분은 각성한 청년도 아니고 자아 의식도 결핍되어 있습니다. 열정적으로 사랑하고 자유롭고 독립적인 연애를 추구하면서도 계급 사회, 법과 도덕을 멸시합니다. 그래서 더 많은 희극과 비극 그리고 골계극을 연출합니다.

갓 출소한 젊은 대상자가 여자친구를 사귀었습니다. 어째서인지 대상자들은 연인을 쉽게 사귑니다. 그에 비하면 제 주변의 혼자 사는 사람들은 아무리 노력해도 연인을 찾지 못합니다. 대상자는 전과가 있고 직업이 없고 잘생기지도 않고 키도 작은데도 그를 좋아하는 여성이 있으니 정말 '죽어도 사랑할 만큼 묶인 인연'입니다. 둘의 연애는 순조롭게 오래 이어졌습니다. 그러던 어느 날 대상자가 슬픈 얼굴로 면담하러 왔기에 캐물으니 시무룩한 목소리로 털어놓았습니다. "여자친구가…… 임신했어요."

근데 왜 우거지상이지? "아이가 싫어요?" 아마 대상자가 직업도 없고 결혼도 안 해서 부담이 더해지는 게 싫은가 보다 했습니다.

"아뇨, 좋아요."

"그럼 여자친구가 안 낳겠대요?" 아마 대상자가 직업도 없고 결혼도 안 했으니, 여자친구가 아이를 낳기에 안정감이 없나 보다 했습니다.

"아뇨, 낳겠대요."

"그럼 부모님이 반대해요?" 아마 대상자가 직업도 없고 결혼도 안 했으니 속도위반에다가 아이는 부모에게 맡길 거라 부모가 싫어하나 보다 했습니다.

"아뇨, 부모님도 손주 생겼다고 좋아하셔요."

"그럼 여자친구 부모님이 반대해요?" 아마 대상자가 직업도 없고 결혼도 안 한 주제에 딸의 배를 불려 놓은 뒤에야 결혼 이야기를 꺼내니 여자친구 부모가 체면이 깎일까 봐 빗자루를 들고 쫓아내나 보다 했습니다.

"아뇨, 여자친구 부모님은 일찍 돌아가셨어요."

"그럼, 직업이 없어서 아이 키울 방법이 없어서 그래요?" 제가 머리를 부여잡기 시작했습니다. 아마 대상자가 전과가 있어서 일자리 찾기도 어려운데 현실이 눈앞에 닥치니 아이를 낳아도 키울 돈이 없으면 안 되겠다 싶나 보다 했습니다.

"아뇨, 여자친구는 일해요. 자기가 키울 수 있대요."

"그럼…… 도대체 왜 고민해요?" 저는 항복하기로 했습니다. 계속 머리를 쥐어짜다가는 머리카락이 다 빠질 것 같았지요.

"그게, 여자친구 남편이 반대해서요."

내 동생을 부탁해

이번 대상자는 출소 후 첫 면담에서 여자친구가 있다고 밝혔습니다. 그것은 이상하지 않았습니다. 여자친구나 아내가 출소를 오매불망 기다려 주는 대상자는 많으니까요. 하지만 이번 커플은 교도소 안에서 만났습니다.

어떻게 교도소에서 여자친구를 만났을까요? 농담하는 줄 알고 다시 물었습니다. 대상자가 피식 웃으며 대단한 천기를 누설하듯 말했습니다. "선생님, 알려 드릴 수는 있는데 아무한테도 이야기하시면 안 돼요!"

"음, 그건 좀 곤란한데요. 불법적인 일이라면 보고해야 해요. 보호관찰 면담 보고서도 써야 하고요. 잘 생각해 보고 괜찮으면 알려 주세요."

"어…… 음…… 그래도 알려 드릴게요. 어차피 선생님도 그 사람은 모르시니까."

심장이 쿵쿵 뛰었습니다. 또 남편 있는 여자친구는 아니겠지? 만약 가정 파탄으로 고소당하면 가석방을 취소해야 합니다.

"잠깐, 잠깐만요! 혹시 여자친구가 이미 결혼한 거 아니에요? 아니면 만 16세 미만의 미성년자이거나? 성적 자주권 침해죄면 문제가 심각해져요!"

"하하하, 선생님, 긴장하지 마세요! 그 사람은 남편도 없고 곧 서른이라 괜찮아요!"

"그럼 이 수수께끼는 뭐죠?"

"그게, 교도소에서 면회하다 만났어요. 그 사람은 오빠를 면회하러 오고, 제가 그 사람 오빠랑 같은 방이었거든요. 면회할 때마다 저도 투명막 너머로 그 사람을 봤죠. 그 사람 오빠가 저를 그 사람에게 소개해 줬어요. 제가 가석방을 먼저 받아서 그 사람 오빠가 나가면 여동생 좀 잘 보살펴 달라고 부탁해서 나오자마자 찾아갔죠. 근데 보살피다 보니 잠자리까지 보살폈단 말이에요. 그런 이야기를 그 사람 오빠한테 어떻게 꺼내겠어요!"

사촌 형

저는 보통 대상자의 가족 구성원을 먼저 파악합니다. 배우자는 함께 사는지 이혼했는지, 누구와 비교적 가까운지. 때로는 가계도를 그리기도 합니다. 부모가 이혼한 뒤 각자 재혼한 경우도 많습니다. 그럴 때는 어머니를 따라가서 사는지 아니면 아버지를 따라가서 사는지, 이복 혹은 동복 형제자매들과의 관계는 어떤지 확인합니다. 가장 중요한 것은 대상자가 함께 사는 아버지 또는 어머니의 새 배우자와 관계가 어떤지입니다. 부모의 새 배우자를 어떻게 부르는지 보면 그 실마리가 보입니다.

"초등학교 때 부모님이 이혼해서 어머니랑 같이 사는군요. 어머니는 재혼했나요?"

"했죠!"

"그럼 새아버지를 아저씨라고 부르나요, 아버지라고 부르나요?"

"형이요!"

"같이 사는 다른 사람을 묻는 게 아니에요. 그 얘기는 이따 하고요. 지금은 새아버지를 묻는 거예요! 새아버지를 뭐라고 부르죠?"

"진짜 사촌 형이라니까요!"

"아뇨, 아뇨, 동문서답하지 말고요. 어머니랑 결혼한 사람을 묻는 거예요!"

"그러니까요, 그 사람이 제 사촌 형이라니까요! 아버지도 저랑 같이 살고요!"

"그러니까 어머니의 전 남편이자 당신의 아버지인 사람과 같이 살고, 어머니의 현 남편이자 당신의 사촌 형인 사람과도 같이 산다는 말인가요?"

"맞아요, 그렇게 다 같이 산다고요! 이게 어디가 이상해요?"

결혼식

"선생님, 저 오늘 일찍 가야 해요. 여자친구랑 아이 데리고 결혼식 가야 하거든요."

"그래요, 그럼 서둘러서 일찍 보내 드릴게요. 누구 결혼식에 가나요?"

"전처네 결혼식이요!"

"전처네 결혼식에 가서 무슨 소란을 피우려고요? 그렇게 속 좁게 굴면 안 되죠!"

"선생님, 어쩜 절 그렇게 나쁜 놈으로 보세요. 청첩장도 받았다고요! 제 여자친구랑 아이도 초대했고요!"

"어…… 전처네 결혼식에 전남편이 여자친구랑 아이랑 같이 가면 민망하지 않을까요?"

"뭐가 민망해요? 전처랑 제가 낳은 아이, 여자친구가 전남편이랑 낳은 아이, 저랑 여자친구랑 낳은 아이까지, 다들 전처네 어머님 결혼하시는 데서 맛난 거 먹겠다고 얼마나 들떴다고요!"

+2 출장 면담 이야기

보호관찰관이 바보인 줄
알아요?

가오슝의 농산물 이야기를 들을 때마다 어깨가 으쓱해집니다. 구아바·파인애플·바나나 등 온갖 과일이 맛나기로 명성이 자자하거든요. 타이완에서 구아바 산지로 첫손에 꼽는 곳은 가오슝 서부의 옌차오이지만, 가오슝 북부의 톈랴오, 메이눙, 차오터우에서 나는 구아바도 상당히 맛있답니다. 구아바 나무는 생장이 빠르고 타이완에서는 사철 내내 수확할 수 있어 안정적으로 수익을 낼 수 있습니다. 그래서 보호관찰 대상자가 중년을 맞아 구아바 농사를 새 일거리로 삼는 것은 꽤 합리적인 선택입니다.

그 대상자는 공금횡령죄로 지난한 소송 과정을 거쳤습니다. 수감될 시점에 이미 반백이었고, 가석방 이후에는 머리가 다 하얗게 세 버렸습니다. 사무직으로 돌아가기에도, 다른 일자리를 찾기에도 걸림돌이 많았습니다. 그래서 고향에 있는 아버지 친구에게 구아바 재배로 상까지 탔다는 농부를 소개받아 구아바 재배를 배웠습니다. 구아바 사부는 열과 성을 다해 가르치고 대상자도 최선을 다해 배웠습니다. 하지만 모르는 일을 하자니 모르는 산길을 더듬는 것처럼 힘들뿐더러 나이 탓에 기억력도 떨어져 배운 지식도 자꾸 잊어버렸습니다. 그러니 재배한 구아바가 별로 맛이 없어서 헐값에 팔아야 했습니다. 그럼에도 대상자가 의기소침하지 않고 좌절을 겪을수록 더 용기를 낸다는 점이 무척 낙관적이었습니다.

구아바 농장에 들어서니 사그락사그락하는 낙엽 위로 구아바 향이 은은하게 퍼져 나왔습니다. 알맞게 자란 구아바 열매는 봉지에 싸여 있었습니다. 전통 재배 방식으로 길러서 그런지 벌레가 보이지 않았습니다. 눈에 띄는 병충해 피해는 없었습니다. 새소리와 풀벌레 소리가 근처에서 들리는 걸 보니 과다한 농약 사용이 야기한 '침묵의 봄'◎은 없는 듯했습니다. 관리가 부족한 부분도 보이지 않고, 푸르고 싱싱한 과수가 넓게 펼쳐져 가슴이 트이고 마음이 후련했습니다.

저 멀리서 대상자가 모자와 수건으로 햇빛 가리개를 만들어 쓴 채 땀을 뻘뻘 흘리며 가지를 치다가 저를 불렀습니다. 입구에 놓인 낡은 등나무 의자에 앉아 쉬며 이야기를 건넸습니다. "구아바 사부님이 일 못한다고 뭐라 하지는 않죠? 보기에는 아주 탐스러운데요!"

대상자가 모자를 벗고 손부채를 부치며 수건으로 땀을 닦았습니다. "선생님, 그렇게 초록빛 도는 것은 못 먹어요! 구아바가 잘 자라려면 땅에 영양분이 풍부해야 하는데, 사부님 말씀으로는 그 무슨 세 가지 요소가 모자라서 과실이 제대로 여물지 못했다더라고요. 뭐더라, 무슨 염소인가 기린인가, 또 무슨 칼인가 뭣인가 그랬는데…… 까먹었네요……."

"질소·인·칼륨이죠." 어째서인지 비료의 삼요소를 금

◎ 『침묵의 봄』은 미국의 생태 작가 레이첼 카슨이 1962년에 쓴 작품이다. 이 작품 덕분에 농약이 환경을 오염시킨다는 사실이 널리 알려지고 농약을 적게 쓰자는 운동이 벌어졌다. 뒷날 미국을 비롯한 여러 나라에서 DDT 사용을 법으로 금지하는 데도 이 책이 큰 영향을 주었다. — 옮긴이 덧붙임

방 떠올린 사람은 저였습니다.

"아니! 선생님이 그걸 어떻게 아셔요?" 대상자가 깜짝 놀라며 의자에서 떨어질 뻔했습니다.

"보호관찰관이 바보인 줄 알아요? 아무것도 모르게?" 피식, 웃음이 새어 나왔습니다.

"아뇨, 아뇨, 그런 뜻은 아니고요. 선생님이야 뭐든 다 아시죠! 아니, 가만있자, 지방검찰청에서 언제까지 보호관찰관으로 일하실 거예요? 구아바 재배 안 하실래요? 아니지, 내 밥그릇 빼앗아 가시려나……."

하도 웃겨서 빠지려는 배꼽을 겨우 부여잡고 고개를 저으며 얼른 자리를 떴습니다. 제가 차에 올라탈 때까지 대상자가 쫓아와 물었습니다. "선생님, 진짜 구아바 농사 한번 안 지어 보실래요?"

기어이 웃음이 터지고 말았습니다. "하하하하, 저는 먹을 줄만 알지 키울 줄은 몰라요!"

여름 눈

지검에서 면회할 때 지켜야 하는 규정은 보통 사람이 상식이라 여기는 것들입니다. 하지만 많은 보호관찰 대상자는 그런 기본적인 사회생활의 예의를 지키지 못합니다. 면담 시간을 준수해야 한다, 맨발이나 슬리퍼를 신어서는 안 된다, 그런 규정 말이지요. 귀가 닳도록 일러 주었는데 기어이 속옷 바람으로 나타난 대상자도 있었답니다.

매번 면담 시간에 늦는 데다 항상 슬리퍼만 신는 대상자도 있었습니다. 게다가 온몸에 이상한 냄새를 풍겨서 민감한 저의 개코가 괴로웠습니다. 처음에는 인내심을 발휘해 면담 시간을 다시 알려 주고 슬리퍼를 되도록 신지 말아 달라 부탁하고 규정을 분명하게 적어 주기도 했습니다. 대상자가 진지하게 사과했습니다. "선생님, 정말 죄송해요, 자꾸 늦어서……." 한 번 늦고, 두 번 늦고, 세 번 늦고, 계속 늦었습니다. 올 때마다 온몸에서 이상한 냄새를 풍겼습니다. 도저히 참을 수 없어서 화난 기색으로 나무랐습니다. 왜 매번 규정을 어기죠?

"선생님, 진짜 죄송해요, 오리를 풀었다 다시 몰아 오

고 그리고, 어…… 그리고 사료도 주고, 몇 마리인지 헤아려
야 해서요. 아, 오늘 새 오리가 들어오고 가스도 켜느라고
장화 벗자마자 달려왔는데 벌써 늦었더라고요. 죄송해요,
다음엔 안 늦을게요!"

"맨날 다음엔 안 늦는대 놓고 늦잖아요. 그리고 오리며
가스는 또 뭐예요? 무슨 말인지 모르겠잖아요!"

"아, 그 식용 오리 있잖아요!"

"갈수록 모르겠네요. 일하는 오리 농장이 어디예요?
주소 주세요, 직접 가 볼 테니."

"어, 그게, 거기는 주소가 없는데……."

"주소가 없다뇨! 주소 없는 데가 어딨어요? 똑바로 말
해요! 오리 농장에서 일하는 거 맞아요? 거짓말하면 안
돼요!"

"선생님, 저 진짜로 오리 농장에서 일한다니까요. 근데
거기는 진짜 주소가 없어요. 그냥 전봇대 하나밖에 없다고
요! 믿어 주세요. 그 전봇대 있는 데에 농장도 있어요. 근처
골목에서 전화하면 마중 나갈게요."

천지신명까지 들먹이는 모양이 여차하면 사당으로 달
려가 닭 잡고 맹세할 기세였습니다. 대상자가 알려 준 길을
따라 그 전봇대 근처에 도착해 전화를 걸었습니다. 곧 대상

자가 방수복과 장화 차림에 오토바이를 타고 나타났습니다. 배는 불룩해 오토바이 손잡이에 끼일 지경이고, 다리는 양쪽으로 쭉 늘어뜨린 채 밭둑처럼 좁은 길에서 오토바이를 불안불안하게 몰았습니다.

왕림하신 보호관찰관께 존중을 표하고자, 대상자가 씹고 있던 빈랑을 퉤 하고 왼쪽으로 뱉었습니다. 빈랑이 포물선을 그리며 검붉은 총알처럼 날아가 쩍쩍 갈라진 겨울 진흙 바닥 사이에 박히며 시뻘건 빈랑 찌꺼기가 튀었습니다. 대상자가 온 얼굴의 주름을 꿈틀거리며 활짝 웃었습니다. 이 사이로 검붉은 빈랑 찌꺼기가 대상자와 함께 미소 지었습니다. 대상자가 제 차를 향해 손을 흔들었습니다.

제가 억지웃음을 지은 까닭은 빈랑 때문이 아니었습니다. 걱정 때문이었습니다. 이 좁은 길로 차가 들어갈 수 있어요? 대상자가 문제없다며 자신만만하게 오토바이를 몰아 앞장섰습니다. 덜덜거리는 자동차와 함께 심장이 벌벌 떨렸습니다. 길이 하도 좁아서 자칫하면 밭으로 곤두박질칠 것 같았습니다. 대상자가 수시로 저를 돌아볼 때마다 오토바이가 흔들거려서 제가 다 겁날 지경이었습니다. 오토바이가 금방이라도 밭에 처박힐 것 같았습니다. 누가 먼저 밭에 빠질까? 아니면 같이 빠지려나······.

다행히 길은 짧았습니다. 눈꽃이 흩날리는 곳에서 오토바이가 멈추었습니다. 엄청나게 넓은 인공 호수가 눈앞에 펼쳐졌습니다. 대상자가 아무 데나 차를 대라고 손짓했습니다. 저는 당황한 모습을 들키지 않으려고, 일부러 아주 멋지고 빠른 손놀림으로 안전띠를 풀고 문을 벌컥 열어 제가 가장 아끼는 가죽 부츠를 신은 발을 대범하게 내밀었습니다. 어쩐지 땅을 디디는 감촉에 현실감이 없었습니다. 내려다보니 사랑하는 가죽 부츠가 커피색, 흰색, 풀색, 검은색으로 뒤범벅되어 있었습니다. 도대체 무슨 이상한 물질인지 알 수 없었습니다!

이 장면을 만화로 그렸다면 제 머리 위 말풍선은 이랬을 것입니다. "#$%<*&#$" 하지만 곧 재채기가 사정없이 터져 나와 사랑하는 가죽 부츠를 걱정할 틈도 없었습니다. 허공 가득 흩날리는 눈꽃이 제 코로 파고들었습니다. 차 안에서 낭만적으로 보이던 눈꽃은 오리털이었습니다. 먼지처럼 작은 오리털이 6월 한여름 하늘 가득 눈꽃처럼 흩날렸습니다! 두아가 원한을 풀어도 눈물 콧물 재채기를 멈추지 못할 지경이었습니다!○ 대상자가 저를 '도시 촌사람'이라고 비웃는 대신 "익숙해지면 괜찮아요!"하고 미소 지었습니다.

○　두아는 13세기 원나라 때 관한경(關漢卿)이라는 사람이 쓴 희곡 『두아원』(竇娥冤)의 주인공이다. 두아원에는 두아라는 여인이 살인죄를 뒤집어쓰고 억울하게 죽자 6월 한여름에 눈이 내리는 이야기가 나온다.

가죽 부츠의 운명 따위는 포기하고 내용물을 알고 싶지 않은 끈적거리는 농장으로 뒤뚱거리며 들어가, 본 적도 들은 적도 없는 각양각색의 설비에 관해 물었습니다. 대상자가 유쾌한 목소리로 상세하게 대답하며 어디가 다른지 모르겠는 흰 깃털에 노란 부리의 오리들을 소개했습니다. 이쪽은 몇 달짜리, 저쪽은 몇 달짜리, 요쪽은 곧 출하할 것들이며, 몇 시에 연못으로 몰아 나갔다가 몇 시에 다시 몰아 들어와야 하는지 알려 주었습니다.

마지막으로 축사로 들어갔습니다. 쌀겨와 사료 냄새가 훅 끼치고 정신없이 꽥꽥거리는 오리 소리가 들렸습니다……. 역대급으로 귀여운 노란 오리 떼가 저를 맞았습니다! 밝은 노란색 털이 복슬복슬하고 동글동글한 눈이 까맣게 반짝였습니다. 귀여운 솜뭉치 가운데는 부리에 커피색 얼룩무늬가 있는 것도 있고, 자그마한 날개에 까만 점이 있는 것도 있었습니다. 그것들은 가스등 아래 이리저리 뒤엉켜 난방을 쬐고 있었습니다. 바깥으로 밀려난 오리가 안으로 밀고 들어가려 날개를 힘껏 파닥거렸습니다. 서로 밀고 밀리며 솜뭉치들이 엉덩이를 뒤뚱거렸습니다. 냄새는 지독하지만 봐도 질리지 않는 장면이었습니다.

저도 모르게 입꼬리가 올라가고 바보 같은 웃음이 흘

러나오면서 보호관찰관으로서 점잖은 이미지가 무너졌습니다……. 전문가인 대상자는 달랐습니다. 소인국에 온 걸리버처럼 오리 사이로 장화 신은 발을 성큼성큼 내디뎠습니다. 얼핏 보기에는 함부로 딛는 듯했지만 오리 한 마리도 밟지 않았습니다. 허리를 굽히고 손을 휘저어 오리를 쫓았습니다. 추워서 새끼들이 한꺼번에 한곳으로 몰리면 아래 깔리는 녀석들이 생기기에, 너무 몰리면 한 번씩 흩어 주면서 운동 삼아 움직이게도 한다는 것이었습니다.

아기는 가죽 부츠는 다시 신지 못하게 되었지만 전반적으로 유쾌한 출장 면담이었습니다. 대상자가 거짓말하지 않았다는 사실을 확인하고, 귀여운 오리도 보고, 면담 보고서 쓰고 나면 잊겠지만 평생 접하지 못한 오리에 관한 지식도 배웠습니다. 차에 타려는데 대상자가 당연하다는 듯이 자루를 내밀었습니다. "선생님, 두 마리 가져가세요! 포동포동하니 살찐 걸로 골랐어요!" 웃으며 거절했습니다. "뇌물은 못 받아요!"

대상자가 당당하게 반박했습니다. "제 손으로 기른 게 무슨 뇌물이에요!" 재빨리 차에 올라 창밖으로 소리쳤습니다. "저는 오리 못 잡아요! 잡아 줘도 먹을 줄 몰라요!" 대상자가 자루를 흔들며 쫓아왔습니다. "제가 잡아 드릴 테니

가져가시라니까요!" 크게 웃으며 창밖으로 손을 저어 완곡한 거절 겸 인사를 하며 엑셀을 밟았습니다.

그날 저녁은 가오슝 특산 오리고기 덮밥으로 정했습니다. 훈제 오리 다리도 추가했습니다. 이러면 대상자의 살림에 보탬이 되리라 생각했습니다.

꽥꽥.

동물 농장

옛 가오슝은 땅이 충분했는지 농림축산업이 꽤 발달했습니다. 그 대상자가 가업인 축사를 물려받은 것은 이상하지 않았습니다. 이상한 것은 목장에 돼지·말·소 그리고 자기가 손수 잡아먹을 닭까지 한꺼번에 기른다는 사실이었습니다. 보통 가축을 사육해도 한 종만 하지 이렇게 여러 종을 한꺼번에 기르지는 않습니다. 사료도 사육 환경도 다르기 때문입니다. 그래서 면담할 때 의심이 들었습니다. 대상자는 아예 저랑 다른 차원에 사는 다른 종의 생물인 양, 제가 자신을 믿든 말든 전혀 신경 쓰지 않고 담담했습니다. 그래서 직접 축사로 찾아갔습니다.

더럽고 냄새나고 시끄럽고 겁도 났습니다. 무엇인지도 모를 동물들이 한꺼번에 여기저기서 짖는 듯했습니다. 입구에서 대상자를 아무리 불러도 동물들 소리만 들릴 뿐 대상자의 목소리는 들리지 않았습니다. 한참 뒤에야 시커먼 어둠 속에서 대상자가 방수복에 장화 차림으로 빈 여물 수레를 덜덜덜 밀며 나타나 밝게 웃었습니다. "어쩐지 돼지가 울길래 낯선 사람이 왔나 했더니, 역시 그랬군요!"

돼지에게 낯선 사람인 저도 웃으며 돼지가 낯선 사람을 보고 우는 이유를 물었습니다. 대상자가 대답해 줍니다. 돼지 울음도 여러 가지이고, 오래 들으면 안다고요. 그래서 특별한 일이 없으면 돼지 축사에 얼쩡거리지 않는답니다. 사료를 주는 사람이 오면 알아보고 재촉하는데, 사료를 주지 않으면 하도 시끄럽게 울어서 짜증이 날 정도라네요! 아니면 목욕하고 싶을 때 운다고 합니다. 사실 돼지는 무척 깨끗한 동물이라 축사가 더러워지면 울음소리가 원망하듯 바뀐다는군요! 하여간 돼지는 퍽 까다로워서 요구만 들어주고 얼른 자리를 비켜야 한다네요.

그러니까 제가 처음에 듣고 겁먹은 소리는 돼지가 손님을 맞는 소리였던 것입니다! 저는 아무리 들어도 돼지 울음이 어떻게 다른지 구분할 수 없었습니다. 대상자의 이야기를 들으니 축사를 모두 둘러보고 싶었습니다. 대상자가 미심쩍게 웃었습니다. "선생님, 안에 엄청나게 시끄럽고 냄새도 지독해요! 장화도 안 신고 괜찮겠어요?" 제가 당당하게 대답했습니다. 문제없어요! 저번에 겪어 봐서 이번에는 낡아서 버릴 신발을 신었거든요! 대상자가 껄껄 웃더니 제 말은 들은 척도 않고 깨끗한 장화를 꺼내 억지로 제게 신긴 뒤에야 들여보내 주었습니다.

흑돼지 축사는 무서워 보였습니다. 다 자란 흑돼지는 제 허리보다 높고 몸집이 저보다 컸습니다. 몸무게는 몇 배나 더 나가니 축사 울타리에 부딪히는 힘이 어마어마했습니다. 이곳이 축사에서 가장 중요한 곳이었지만 빨리 패스하고 싶었습니다. 코너를 도니 수유 중인 어미 돼지가 나왔습니다. 돼지는 새끼를 한 번 낳으면 열 몇 마리에서 스무 마리까지 낳는다고 합니다. 새끼 돼지들이 젖을 물고 있었습니다. 어미 돼지는 심드렁한 표정으로 누워서 거친 숨을 몰아쉬며 꼼짝도 하지 않았습니다. 엄마 젖을 물며 엄마를 밟고 올라선 녀석도 있었습니다.

새끼 몇은 호기심이 동하는지 마치 하이힐을 신은 듯 살구색 발굽을 따각거리며 다가와 코를 들이댔습니다. 말랑말랑해 보이는 분홍색 코를 킁킁거리며 제게서 나오는 향기 분자를 들이켰습니다. 대담하게 제 옆까지 왔다가 조금 겁나는지 살짝 물러나기도 했습니다. 더 들여다보니 머리에 듬성듬성 난 하얗고 짧은 털이 움직일 때마다 살랑거리고, 뒤뚱거리는 모습이 발레를 추는 듯해서 무척 귀여웠습니다! 저도 모르게 아기 돼지가 너무 귀엽다고 소리쳤지만, 전문가의 표정은 엄마 돼지처럼 심드렁했습니다. "번거롭기만 해요! 잘못하면 엄마 돼지한테 깔려 죽거나, 안 깔려 죽은 놈들은 자라면서 서로 꼬리를 물어뜯어서 상처가 덧나거나, 자칫하면 병에 걸려요. 사료 먹여야지, 약 먹여야지, 돈 드는 게 장난이 아니에요."

안으로 더 들어가니 조용해졌습니다. 황소 너덧 마리가 느긋하게 건초를 씹고 있었습니다. 새끼 한 마리가 어미 옆에 꼭 붙어서서 저를 흘끔흘끔 바라보았습니다. 다른 소들도 기다란 속눈썹 아래 둥그렇고 커다란 눈동자를 굴려 저를 물끄러미 바라보며 건초를 우걱우걱 서걱서걱 씹어 먹었습니다. 그러면서 꼬리를 끊임없이 휘둘러 파리를 쫓았습니다.

저와 거리를 유지하던 소들이 대상자에게는 스스럼없이 다가가며 긴 혀로 자기 콧구멍을 쑤셨습니다. 어떤 녀석은 축사 밖으로 머리를 높이 쳐들었다가 다시 고개를 숙이며 대상자에게 머리를 내밀었습니다. 대상자가 목덜미와 콧구멍 윗부분을 부드럽게 쓰다듬으며 속삭였습니다. "소야…… 소야, 소야……."

제가 물었습니다. 소가 주인을 알아보는 모양이죠? 대상자가 소를 쓰다듬으며 대답했습니다. "소가 상당히 똑똑해요. 저도 다 알아보죠." 제가 떠오르는 질문을 아무렇게나 던졌습니다. "그럼 왜 이름을 안 지어 줘요?" 대상자가 씁쓸하게 웃었습니다. "결국엔 팔 건데요! 트럭에 실으려고 끌고 나오면 우는 녀석도 있어요. 돈 벌어야 하니 빨리 자라기를 바라면서도, 트럭에 실어 보낼 생각하면 천천히 자랐으면 좋겠기도 하고 그래요……."

보호관찰관은 고도의 감정이입이 필요한 직업입니다. 저는 그때껏 제가 감정이입을 못 한다고 생각지 않았습니다. 하지만 그날, 저는 제가 사람의 말을 하면서도 꿀꿀거리는 돼지와 차분히 건초를 씹어 먹는 소보다 어리석다는 생각이 들었습니다! 대상자에게는 감정이입을 하지 못하느냐 물으면서, 축사 주인이 가축을 보살피고 기르는 심정이 얼마나 복잡한지는 들여다보지 못했습니다. 가축이 많이 먹어서 튼튼하게 빨리 자라야 비싼 값에 팔려 주인도 계속 축사를 운영할 수 있습니다. 그러나 가축이 출하될 수 있

을 정도로 클 때가 바로 그들이 자신의 생명을 내놓고 도살
되어 다른 사람들의 식탁에 맛있는 음식으로 오르는 때입
니다.

돼지도 소도 사랑스럽습니다. 사람을 위해 생명을 희
생하는 가축은 존중받아야 마땅합니다. 그런 생명을 돌보
는 일을 택한 대상자도 존중받아야 마땅합니다. 이 합법적
이고 세상에 꼭 필요한 일을 하는 사람에게 지속적인 수익
을 안겨 주려고, 그날 저녁에 저는 경건한 마음으로 소불고
기 덮밥과 소고기 국수를 모두 먹어 치웠습니다.

잘 먹었습니다! 고맙습니다.

감사의 말

십 년 남짓한 보호관찰관 인생에서 옌 선생님과 장 회장님에게 무한한 관심과 보살핌을 받았습니다. 재직 일 년 만에 가오 주임님을 만난 행운은 평생 잊지 못할 것입니다. 나중에 연이 닿은 차오 사장님도 저를 극진히 보살펴 주었습니다. 선배들이 그늘을 드리워 주지 않았다면 저는 결코 여기까지 올 수 없었습니다.

다양한 분야에서 다양한 가르침을 받았습니다. 너그럽고 따뜻한 의사 황 선생님은 결정적인 순간마다 신묘한 의술을 베풀어 저를 도와주었습니다. 법의학자 판 선생님, 심리상담사 쑤 선생님이 전문가의 예리한 통찰로 사심 없이 지도해 준 데 진심으로 감사합니다. 차오터우 지방검찰청 주쥔 주임 검사는 타이완 성범죄 예방 분야에서 최고의 영예로 꼽히는 '보라리본상'○ 후보로 저를 꾸준히 추천해

○　보라리본상(Purple Ribbon Award)은 타이완 위생복리부에서 2014년 제정한 상으로, 6대 폭력 범죄로부터 사회를 보호하는 데 이바지한 사람에게 수여된다. 타이완의 위생복리부는 한국의 보건복지부와 같은 기관이고, 6대 폭력 범죄란 성추행, 성폭행, 가정 폭력,

주었습니다. 비록 이 책을 출간할 때까지 수상하지는 못했지만◯2 저를 알아준 오랜 벗의 우정에 깊이 감동했습니다.

뼛속까지 섬세한 친구 아리, 겉과 속이 다르지 않아서 진실한 벗 다거, 속이 너무 좋아서 심장이 고장 나버린 라오에이, 웃음을 터뜨리면 눈물이 나도록 그치지 않는 완완 이모, 부처의 가르침에 귀의해 깨달음을 얻은 셰리, 똑똑하고 사랑이 넘치는 소년보호관 위웨이, 안 좋은 일로 엮여 좋은 인연을 맺은 황 형님, 모두 제 곁에서 기쁨과 슬픔을 함께 나누었습니다.

그동안 수많은 보호관찰 대상자가 보호관찰을 거부하고 심지어 저의 안전을 위협하기도 했습니다. 다행히 가오슝시 여러 경찰서·파출소에 근무하는 경찰 여러분이 듬직하게 지켜 주었습니다. 그 이름을 하나하나 적을 수 없어 죄송하지만 감사하는 마음은 늘 간직하겠습니다. 오랜 세월 함께한 여성·아동 보호 경찰대의 량 소대장님은 두려움에 떠는 저를 언제까지나 등 뒤로 숨겨 줄 믿음직한 전우입니다.

보호관찰 대상자는 자원봉사자 선생님에게 도움을 부

아동 학대, 노인 학대, 장애인 학대를 이른다. (한국의 형사법에서는 성추행, 성폭행을 포함한 모든 유형의 성범죄를 '성폭력'으로 규정한다.)

◯2 이 책은 2022년 2월 타이완에서 처음 출간되었고, 저자 탕페이링은 그해 10월 마침내 보라리본상을 수상했다. 타이완에서 이 상을 받은 보호관찰관은 탕페이링이 처음이다.

탁하기도 합니다. 대다수는 나이가 지긋하여 보호관찰 대상자와 보호관찰관의 인생 선배가 되어 주는 분들입니다. 리 선배, 쑤 선배, 린·류 부부, 장 언니 등등 인생 선배 여러분, 우리 경계인에게 소중한 시간을 기꺼이 내주어 고맙습니다.

책을 펴낼 수 있게 도움말을 아끼지 않은 편집자 자치 선생님에게 감사합니다. 출판사에 다리를 놓아주느라 무던히 애쓴 쯔잉과 전위에게도 고마움을 전합니다. 비서 투 씨는 저의 손발이나 다름없습니다. 타이완 만유자문화 출판사는 어느 이름 없는 사람이 듣도 보도 못한 일에 관하여 쓴 글을 용감하게 책으로 엮어 세상에 내놓았습니다. 그 용기에 경의를 표합니다. 그 밖에도 고마운 사람이 지면에 담을 수 없을 만큼 많습니다. 그 모든 사람에게 다시 한번 전합니다. 고맙습니다!

추천의 말

소장이나 판결문 같은 법률 문서에는 범죄 사실과 구성 요건, 증거만이 드러납니다. 피고인이 살아온 이야기는 드러나지 않지요. 사실 피고인은 대부분 평범한 사람입니다. 누군가의 부모·자식·배우자이기도 하고 누군가에게 사랑받기도 하는, 다양한 모습을 지닌 보통 사람입니다. 다만 죄를 지었을 뿐이지요.

직업이 직업인지라 아무래도 검찰 일을 하는 사람의 관점에서 이야기를 풀게 되는군요. 형사 사법 시스템에서 일하는 사람은 정의 구현을 추구합니다. 검사가 정의라는 목표에 다다르려면 직업적으로 철저하게 준비하고 면밀하게 조사하는 능력을 갖추어야 합니다. 하지만 그에 못지않게 중요한 능력이 편견 없는 눈·강직한 마음·임기응변 능력·절망적인 상황에도 굴하지 않고 진실을 좇는 용기입니다. 이런 능력을 키우기는 무척 어렵지요. 범죄 조직·지하 세계에서는 옳고 그름이 도덕 교과서에서처럼 무 자르듯 나뉘지 않거든요. 똑 떨어지는 정답이 없으니 그런 능력을 측정할 도리가 없습니다.

사법기관 종사자에게는 경험과 지속적인 학습이 필요하지만, 그런 능력은 예술의 경지에 이를 수도 있고 타고날 수도 있습니다. 정반대 입장에 선 사람에게 간이며 쓸개를 다 내주는 척하며 비밀을 실토하게 만들고, 범죄자가 평생 믿고 따른 가치관을 바로잡아 주기도 하지요. 이런 일이야말로 보이지 않는 곳에서 우리가 추구하고자 하는 정의를 성실하게 구현하는 것이죠. 그나마 검사는 공소를 제기할 때 피해자를 위해 목소리를 내 대중에게 인정받기도 합니다. 그런데 이 책의 저자는 눈에 띄지 않는 곳에서 묵묵히 일하는 사람, 보호관찰관입니다.

사회가 사법계에 거는 기대치가 높지만, 저는 고백하지 않을 수 없습니다. 법은 사회 문제를 해결할 수도, 사건 당사자를 곤경에서 구할 수도 없다고요. 사람의 마음을 치유할 수 있는 것은 오직 '사람'뿐이라고요. 저자가 늘 무시당하던 아시를 깊고 섬세하게 들여다보았기에 지적장애와

286

가정 폭력 피해 이력을 발견할 수 있었습니다. 사람을 들여다보는 깊이가 깊어질수록 가치 판단, 도덕적 한계와 같은 문제를 마주하게 됩니다. 라오쩨이가 값비싼 보석이나 그림 따위를 선물하려 하면 어떻게 거절해야 할까요? '영웅 집안' 청년의 여자친구가 다른 사람의 아이를 가졌을 때, 보호관찰관인 저자는 두 사람을 어떻게 대해야 할까요? 샤오화의 성매매는 어떤 마음가짐으로 대해야 할까요?

현실에는 정답이 없습니다. 교과서처럼 무조건 '안 돼'라고 말해서 해결되지 않아요. 명확한 기준도 없습니다. 검사가 기소·불기소 처분을 하고 판사가 유죄·무죄를 판결하듯 깔끔하게 나뉘지 않죠. 이런 현실에서 보호관찰관이 어떻게 또 어느 선까지 행동해야 하는가 하는 문제는 고통받는 중생에게 던져진 선문답 같은 것이지요. 이러기도 저러기도 애매한 순간 저자가 짐짓 유머러스하게 풀어내는 가슴 아픈 이야기를 들으며 이런저런 생각이 들었습니다. 국가 제도가 너무 허술한가? 아니면 너무 촘촘한가? 잘못된 방향으로 나아가고 있지는 않은가? 새로운 삶을 살고자 하는 사람에게 어떤 생명줄을 드리워 주어야 그 사람이 범죄의 늪에서 벗어날 수 있을까?

사법 제도란 자본처럼 수익률을 계산할 수 있는 것이 아닙니다. 저자는 아투를 설득해 학창 시절 큰 은혜를 입은 교관 선생님께 고마움을 전하게 했습니다. 그 가슴 뭉클한 사연에서 우러나는 감동을 숫자로 환산할 수 있을까요? 그런가 하면 샤오카이나 다엔메이처럼 무거운 과거에 짓눌려 새 삶을 살지 못하는 사람, 도로시처럼 이리저리 흔들리는 사람도 있습니다. 하나같이 기운을 쭉 빠지게 만들지요. 이런 대상자에게 저자가 들이는 시간과 보이지 않는 노력을 보상받는 날이 올까요? 아마 하늘만이 알겠지요.

아랑은 아무것도 기대하지 않았지만 저자가 귀중한 기회를 주었기에 마침내 마음을 열고 이런저런 이야기를 털어놓았습니다. 만약 저자가 아랑을 포기하고 시간을 따지며 결과 중심적으로 일을 처리했다면 아랑도 나아지지 않았겠지요. 보호관찰 대상자를 오롯한 한 사람으로 바라볼 수 있으려면, 대상자를 존중하고 포용하면서도 법의 테두리를 벗어나지 않도록 끊임없이 노력해야 합니다. 어쩌면 이런 고집스러운 뚝심이 가장 의미 있는지도 모릅니다.

책에 나오는 대상자 대다수는 가석방 취소 처분을 받아 교도소에 수감되었습니다. 딩란, 아투, 샤오화, 영웅 집

안 청년, 샤오카이, 다옌메이 등이 모두 그렇습니다. 보호관찰 기간을 채워 '졸업'하는 비율이 생각보다 낮지요. 하지만 가석방 취소가 곧 계도 실패를 뜻하지는 않습니다. 어쩌면 대상자들의 마음이 아직 열리지 않았을 뿐인지도 모르니까요. 세상을 떠난 아후이, 암에 걸려 생사의 경계에 있던 라오쩨이는 삶의 끝자락에도 무언가를 기억했을 것입니다. 대상자와 그 가족이 자기 삶의 한 구간을 진심으로 함께 걸었던 보호관찰관이라는 사람을 기억하리라 믿습니다. 저자의 눈, 저자의 펜을 따라 우리도 그 기구하고 험난한 인생길을 함께 걸어 봅시다.

이 책은 세 부류의 사람이 읽기에 알맞습니다. 첫째, 검사입니다. 검사는 이 책에 나온 여러 대상자들의 인생 이야기를 살펴봄으로써 피해자와 피고인을 더 잘 이해하여 진상을 밝히고 정의를 실천하며 더욱 정밀하고 효과적인 처분을 내릴 수 있게 될 것입니다.

둘째, 타인을 돕는 사람입니다. 보호관찰관·사회복지사·심리상담사·경찰 같은 사람이지요. 보호관찰 대상자가 사회적 약자로 머무르지 않고 스스로 일어설 수 있도록 돕는, 우리 사회에 꼭 필요한 사람입니다. 셋째, 대중입니다. 사람의 본성은 복잡합니다. 그래서 사람을 이해하기는 어렵고, 변화시키기는 더 어렵습니다. 자기 자신을 이해하지 못하면서 변화하지도 않으려는 사람을 변화시키기는 훨씬 더 어렵습니다! 바로 그런 일을 하는 저자의 일상을 이 책에서 들여다볼 수 있습니다.

저자는 원래 훌륭한 기자였습니다. 사회의 부조리한 사건을 용감하게 파헤쳤지요. 보호관찰관이 되어서도 그 의지는 변하지 않았습니다. 사건의 진실을 파고들듯 자신이 맡은 대상자 한 사람 한 사람을 들여다보고 돕습니다. 이 책에서 저자는 현실을 잔인하리만치 솔직하게 내보입니다. 그러면서 삶에는 힘겨움과 고달픔뿐 아니라 놀라움과 기쁨 또한 가득하다고 말하지요. 사람의 본성을 이해하고 싶다면, 바로 이 책을 읽으세요.

전 타이완 대검찰청 검찰총장 장후이민

친밀한 감시자
: 나는 보호관찰관입니다

2023년 5월 14일　초판 1쇄 발행

지은이　　**옮긴이**
탕페이링　　서지우

펴낸이　　**펴낸곳**　　　**등록**
조성웅　　도서출판 유유　제406-2010-000032호 (2010년 4월 2일)

주소
경기도 파주시 돌곶이길 180-38, 2층 (우편번호 10881)

전화　　　　　**팩스**　　　　　**홈페이지**　　　**전자우편**
031-946-6869　0303-3444-4645　uupress.co.kr　uupress@gmail.com

　　　　　　　　페이스북　　　**트위터**　　　　**인스타그램**
　　　　　　　　facebook.com　twitter.com　instagram.com
　　　　　　　　/uupress　　　/uu_press　　/uupress

편집　　　　　**디자인**　　　**조판**　　　　**마케팅**
사공영, 백도라지　이기준　　　정은정　　　전민영

제작　　　　　**인쇄**　　　　**제책**　　　　**물류**
제이오　　　　(주)민언프린텍　다온바인텍　책과일터

ISBN 979-11-6770-062-9 03360